Resilienz entwickeln

„Ich schaffe das!"

Wie du deine innere Stärke entfaltest, um an Stress, Krisen und Schicksalsschlägen nicht zu zerbrechen

Stefanie Lorenz

© Copyright 2020 - Alle Rechte vorbehalten.

Rechtliche Hinweise:

Dieses Buch ist urheberrechtlich geschützt und nur für den persönlichen Gebrauch bestimmt. Ohne die Zustimmung der Autorin oder des Herausgebers darf der Leser keinen Inhalt dieses Buches ändern, verbreiten, verkaufen, verwenden, zitieren oder umschreiben.

Haftungsausschluss:

Die in diesem Dokument enthaltenen Informationen dienen nur zu Bildungs- und Unterhaltungszwecken. Es wurden alle Anstrengungen unternommen, um genaue, aktuelle, zuverlässige und vollständige Informationen zu liefern.

Die Leser erkennen an, dass die Autorin keine rechtlichen, finanziellen, medizinischen oder professionellen Ratschläge erteilt. Durch das Lesen dieses Dokuments stimmt der Leser zu, dass die Autorin unter keinen Umständen für direkte oder indirekte Verluste haftet, die durch die Verwendung der in diesem Dokument enthaltenen Informationen entstehen, einschließlich, aber nicht beschränkt auf Fehler, Auslassungen oder Ungenauigkeiten.

Geschenk #1

Zitatesammlung

Gratis-Bonusheft!

Mit dem Kauf dieses Buches hast du ein kostenloses Bonusheft erworben. Dieses steht nur eine begrenzte Zeit zum Download zur Verfügung.

Das Bonusheft beinhaltet eine Sammlung an schönen, motivierenden und auch Mut gebenden kleinen Geschichten und Zitaten. Diese werden dich beim Lesen und auf deinem täglichen Weg zu einem erfüllten Leben begleiten. Sichere dir das Bonusheft noch heute!

Alle Informationen, wie du dir schnell das gratis Bonusheft sichern kannst, findest du am Ende dieses Buches.

Geschenk #2

Entspannung im Alltag

Mit dem Kauf dieses Buches hast du noch ein weiteres Bonusheft erworben.

In diesem Bonusheft findest du verschiedene Entspannungsmethoden, Meditationsideen und Affirmationen, die dich darin unterstützen können, wieder zu dir selbst zu finden. Sichere dir das Bonusheft noch heute!

Alle Informationen, wie du dir schnell das gratis Bonusheft sichern kannst, findest du am Ende dieses Buches.

Inhaltsverzeichnis

Einführung 1

Kapitel 1 - Was ist Resilienz? 5
    Wie kann Resilienz dir gerade heute helfen? 9
    Herausforderung für die Resilienz – Stressoren im Alltag 16
    Eigenschaften von Menschen mit starker Widerstandsfähigkeit 19

Kapitel 2 - Bin ich eine resiliente Persönlichkeit? 23
    Resilienz – Eigenwahrnehmung und Fremdwahrnehmung 27
    Aber ich bin nicht stark... 29
    Resilienz und die Kindheit 31
    Rückblick in die eigene Kindheit 35

Kapitel 3 - Kann man Resilienz lernen? 39
    Resilienz-Konzepte und Schutzfaktoren 42
    Die sieben Säulen der Resilienz 44
    Resilienz – eine dynamische Stärke 46
    Was Resilienz nicht ist 49

Kapitel 4 - Resilienz-Training – Chancen und Gefahren 53
    Wie sieht ein Resilienz-Training aus? 53
    Lässt sich Resilienz allein trainieren? 54
    Chancen durch dein Resilienz-Training 57
    Training, aber kein Fortschritt – was ist da los? 58
    Alleskönner Resilienz-Training? 61
    Resilienz-Training mit professioneller Unterstützung
    durch eine Fachkraft 64
    Äußere Grenzen des Resilienz-Trainings 67

**Kapitel 5 - Jetzt geht's los – Praktische Empfehlungen zur
Stärkung der Resilienz** 73
    Die Pfeiler des Wiener Modells in Einklang bringen 75
    Die 7 Säulen stärken – Tipps zum Ausbau der einzelnen
    Schutzfaktoren 81

Kapitel 6 - Rahmenbedingungen schaffen **99**
    Dem inneren Kritiker begegnen – aktiv neue Gedankenwege
    beschreiten 101
    Umgang mit Mitmenschen während des Prozesses................... 102

Kapitel 7 - Dein Potenzial bestmöglich entfalten **105**
    Resilienz in der Familie... 110
    Resilienz bei chronischen Erkrankungen 112

Abschluss und Ausblick **125**

Quellen **127**

Geschenk #1 - Zitatesammlung **129**

Geschenk #2 - Entspannung im Alltag **131**

Einführung

„**G**laube ist der Vogel, der singt, wenn die Nacht noch dunkel ist." Rabindranath Tagore

Manchmal scheint alles auf einmal über uns hereinzubrechen: Zuerst hattest du Streit mit deinem Lieblingsmenschen und dann bat dich die Klassenlehrerin deiner Tochter um ein Gespräch, weil deine Kleine möglicherweise nicht in die nächste Klasse versetzt werden kann. Jetzt deutet deine Chefin an, dass es bei der anhaltenden schlechten wirtschaftlichen Lage möglicherweise personelle Umstrukturierungen in der Firma geben wird. Und dann ist da auch noch dein Vater, der mit Oberschenkelhalsbruch im Krankenhaus liegt und um den du dich sorgst.

Du weißt kaum, wie du noch Luft holen sollst und hast das Gefühl, du würdest unter all dem Druck langsam in winzig kleine Einzelteile zerbröckeln. Gerade willst du deiner besten Freundin eine richtige Frust-Nachricht schicken, um dir alles von der Seele zu schreiben, als dir einfällt, dass diese ja selbst genug auf ihren Schultern hat: Eine Krebsdiagnose in der Familie, Probleme mit dem Vorgesetzten und dann auch noch der Unfall neulich, bei dem das Auto einen Totalschaden erlitt.

Trotzdem hast du zuerst an deine Freundin gedacht, als du dir deinen Kummer von der Seele schreiben und ein aufmunterndes Wort hören wolltest – und das natürlich nicht, weil du ein grober Klotz bist und keine Rücksicht auf die Gefühle anderer nimmst, sondern weil deine Freundin eine von denen ist, an denen irgendwie alles abzuperlen scheint. Sie ist zwar auch kein Natursonnenscheinchen, aber irgendwie kann sie keine Krise der Welt so nachhaltig erschüttern, dass sie sich nach einem Schreckmoment nicht wieder selbst am Schopfe aus dem Sumpf ziehen und das Beste aus der Situation machen könnte.

Hast du dich auch schon mal gefragt, wie Menschen wie sie das machen? Wie sie den Kopf über Wasser halten können, während andere schon im Morast von Sorgen und Kummer versinken? Wie kommt es, dass manche Menschen auf Schicksalsschläge mit tiefer Erschütterung reagieren und in ihren Grundfesten verunsichert sind, während andere wiederum gut damit umgehen können? Wieso überstehen manche Personen dramatische Lebenseinschnitte wie eine schwere Krankheit, den Tod eines geliebten Menschen, einen Überfall oder eine andere schreckliche Erfahrung ohne nennenswerte Folgen, während andere Personen sich danach u. a. mit Ängsten, Grübeleien, Trauer oder Vertrauensverlust konfrontiert sehen? Was ist das Geheimnis dieser Menschen, die so stark wirken, und: Kann man diese Stärke lernen?

Dieses Buch möchte dich dazu einladen, dich auf eine Reise zu begeben und dich dieser Stärke zu nähern, sie kennenzulernen und auch in dein Leben zu holen – diese Fähigkeit namens Resilienz.

In der Psychologie und auch in den Medien ist der Begriff Resilienz mittlerweile ein echter Dauerbrenner und er ist dir daher sicherlich schon mal in deinem Alltag begegnet.

Im Folgenden erfährst du, was genau Resilienz ist, wie sie sich in Krisensituationen, aber auch in deinem normalen Leben zeigt und wieso sie genau jetzt so wichtig für uns ist. Du bekommst Einblicke in das Verhalten und die Gewohnheiten von resilienten Menschen und erfährst dadurch, welche Tätigkeiten Resilienz begünstigen und welche diese Fähigkeit eher behindern. Auch der wichtigen Frage, ob sich Resilienz erlernen lässt und ob du aus eigener Kraft für mehr Stärke in deinem Leben sorgen kannst, wird nachgegangen.

Wenn du im Laufe deines Leseprozesses merkst, dass du dir gerne noch zusätzliche Unterstützung in puncto Selbstfürsorge holen möchtest, um noch bessere Voraussetzungen für

Einführung

ein resilientes Leben zu schaffen, kannst du dir den zu diesem Buch erhältlichen Bonus besorgen. In diesem findest du eine Sammlung an wertvollen Entspannungstipps und -techniken, die du nutzen kannst, um deine Gefühlslage zu harmonisieren. Sie sind eine wunderbare Unterstützung, um deine Resilienz täglich zu stärken, weil du dein Stressniveau ausgleichen und dir selbst auf einfache Weise etwas Gutes tun kannst.

Während der Lektüre des Buches wirst du immer wieder auf Fragen stoßen, die dir beim Reflektieren und eigenen Verorten helfen sollen. Wenn du magst, kannst du dir ein schönes Notizbüchlein besorgen und deine Antworten darin aufschreiben. Auf diese Weise hast du deine Gedanken, Ideen und Emotionen immer schriftlich parat und kannst auch beobachten, wie sich möglicherweise während des Lesens bestimmte innere Gedankenmuster verändern oder du durch den neuen Input eine andere Perspektive einnehmen kannst. Dies kann vor allem rückblickend sehr spannend sein und dir dabei helfen, die gelesenen Worte zu verarbeiten und auch mit ihnen zu arbeiten.

Ein wichtiger Hinweis vorweg: Dieses Buch soll dich auf deinem Weg in ein stabileres, harmonischeres und ausgeglicheneres Leben unterstützen und wird dir Informationen und Denkanstöße zu dem komplexen Thema Resilienz anbieten. Solltest du aktuell starke psychische Beeinträchtigungen oder andere gesundheitliche Probleme haben, sei dir bitte bewusst, dass dieses Buch nicht die Zusammenarbeit mit einer ausgebildeten Fachkraft, etwa einer Ärztin oder Psychotherapeutin, einem Coach oder einem Heilpraktiker ersetzen kann. Selbstverständlich kannst du die Lektüre und die Arbeit mit diesem Buch ergänzend zu deinem Heilungsprozess durchführen. Wenn du unsicher sein solltest, sprich am besten vorab mit deiner Ärztin oder deiner Therapeutin. Solltest du noch keine professionelle Unterstützung haben, aber merken, dass du diese brauchen könntest, scheue dich nicht, diese für dich zu suchen und in Anspruch zu nehmen.

„Ich schaffe das!"

Resilienz ist kein Allzweckwerkzeug und Resilienz bedeutet auch nicht, dass du alles jederzeit allein schaffen musst!

Kapitel 1 - Was ist Resilienz?

Bestimmt ist dir auch schon mal ein Buchtitel mit dem Begriff Resilienz ins Auge gesprungen. In Zeitschriften gibt es Tipps zur Stärkung der Resilienz, in Podcasts erfahren wir, wie Menschen ihr persönliches Schicksal mit erstarkter Resilienz besser bewältigen konnten, und auch im Fernsehen oder auf Youtube begegnet uns der Begriff immer wieder. Aber was genau bedeutet Resilienz denn eigentlich?

Das Wort hat seinen Ursprung in dem lateinischen Wort „resilire". Dieses lässt sich mit Begriffen wie abprallen, zurückprallen, zurückspringen übersetzen und zeigt dadurch schon an, welche Eigenschaften mit dem Wort Resilienz in Verbindung gebracht werden.

Stangl definiert im Online-Lexikon für Psychologie und Pädagogik den Begriff folgendermaßen:

„Als Resilienz bezeichnet man in der Psychologie die Fähigkeit zu Belastbarkeit und innerer Stärke. Vor allem in der therapeutischen Arbeit wird verstärkt Wert darauf gelegt, Resilienz auszubilden und damit psychischen Störungen und anderen persönlichen Problemen vorzubeugen. Resilienz bezeichnet zunächst in der Entwicklungspsychologie die Widerstandsfähigkeit von Kindern, sich trotz belastender Umstände und Bedingungen normal zu entwickeln. Ganz allgemein betrachtet ist Resilienz die Fähigkeit von Menschen, auf wechselnde Lebenssituationen und Anforderungen in sich ändernden Situationen flexibel und angemessen zu reagieren und stressreiche, frustrierende, schwierige und belastende Situationen ohne psychische Folgeschäden zu meistern, d. h., solchen außergewöhnlichen Belastungen ohne negative Folgen standzuhalten. Individuelle Unterschiede in der Resilienz können dann erklären, warum es bei manchen Menschen trotz vergleichbarer Belastung nicht zu solchen Folgen kommt, womit das Thema Resilienz im weitesten Sinn zum Themenbereich der Positiven Psychologie gerechnet werden kann."

Wir sehen also, dass der Begriff Resilienz sich im Grunde auf die Fähigkeit des Menschen bezieht, auf konstruktive Art mit schwierigen Situationen und Stress umzugehen. Gerne wird synonym auch die Bezeichnung psychische Widerstandsfähigkeit verwendet. Bei der Resilienz geht es allerdings nicht nur darum, flexibel oder schlicht besonders belastbar zu sein. Es geht vielmehr darum, dass ein resilienter Mensch in der Lage ist, Krisen oder Härten des Lebens – ganz gleich, ob sie durch innere Prozesse oder Einflüsse von außen ausgelöst werden – ohne dauerhaften Schaden zu überstehen, durch ein Anpassen an die Situation. Der Mensch zerbricht an dieser Krise nicht, sondern ist im besten Fall sogar noch in der Lage, daran zu wachsen.

Du kannst dir das Ganze wie eine Art seelisches Immunsystem vorstellen. Während deine Abwehrkräfte dafür sorgen, dass du nicht jede Grippewelle mitnimmst, kann dein seelisches Immunsystem dafür sorgen, dass dich nicht jede kleine oder große Herausforderung tiefgreifend erschüttert. Zudem erholen sich Menschen mit gesundem Immunsystem in der Regel schneller von Infekten und auch bei einer entsprechend ausgebildeten seelischen Widerstandsfähigkeit ist davon auszugehen, dass Personen schneller ihr Gleichgewicht zurückerlangen und wieder ein glückliches Leben führen können.

Resilienz ist zunächst in der frühkindlichen und kindlichen Entwicklung des Menschen von besonderer Bedeutung, damit die Kinder sich trotz möglicher Herausforderungen und Belastungen wie der Trennung der Eltern, Mobbing, dem Tod eines Verwandten oder anderer einschneidender Erlebnisse altersgerecht entwickeln können und ein normal ausgeprägtes Urvertrauen aufgebaut werden beziehungsweise erhalten bleiben kann. Die Kinder lernen im Idealfall, auf schwierige Situationen oder unerwartete Hindernisse angemessen und besonnen zu reagieren und können sie auf diese Weise sowohl körperlich als auch seelisch unbeschadet überstehen. Dabei werden bestimmte Fertigkeiten und Einstellungen ausgebildet, die sogenannten Schutzfaktoren. Wie sehr die Kindheit eine Schlüsselrolle beim Ausbilden der persönlichen Resilienz einnimmt, werden wir uns in „Bin ich eine resiliente Persönlichkeit?" näher ansehen.

In der psychotherapeutischen Arbeit wird dem Bereich Resilienz ebenfalls viel Aufmerksamkeit geschenkt, bietet diese Fähigkeit psychisch erkrankten oder beeinträchtigten Menschen doch die Möglichkeit, besser mit Belastungen umzugehen und Ängste, Wut oder Trauer besser managen zu können. Die Stärkung der eigenen Resilienz kann dabei sowohl vorbeugend erfolgen als auch während einer Erkrankungsphase im Leben der betroffenen Person.

Neben der Möglichkeit, herausfordernde Lebenssituationen mit der nötigen Portion Widerstandskraft besser akzeptieren, hinnehmen und gegebenenfalls bearbeiten zu können, bietet die Resilienz in der psychotherapeutischen Praxis auch die Chance, dass die Personen ihre Selbstwirksamkeit wahrnehmen, sich in Krisen nicht von ihren Gefühlen überrennen lassen und die Möglichkeit in Betracht ziehen, selbst etwas zur Verbesserung ihrer Situation beizutragen.

Auch im Alltag wirst du erleben, dass, wie in der Einleitung beschrieben, einige Menschen weitaus gelassener mit Schicksalsschlägen umgehen können, sich von ihnen nicht entmutigen oder überwältigen lassen und auch in sehr herausfordernden Momenten weder die Opferrolle einnehmen noch das Handtuch werfen.

In Deutschland befasst sich die Resilienzforschung mit dieser besonderen Fähigkeit. Sie untersucht, wieso manche Menschen widerstandsfähiger als andere zu sein scheinen, inwiefern sich diese resilienten Menschen von ihren Mitmenschen unterscheiden und ob und wie sich Resilienz erlernen lässt. Dafür ist unter anderem das Leibnitz-Institut für Resilienzforschung mit Sitz in Mainz zuständig. Das LIR versteht unter dem Begriff Resilienz treffend und einprägsam „die Fähigkeit zur Aufrechterhaltung oder Wiederherstellung psychischer Gesundheit während oder nach stressvollen Lebensereignissen."

Die Konzepte rund um das Thema Resilienz haben sich im Laufe der Zeit gewandelt, da immer mehr über diese Fähigkeit herausgefunden wurde und alte Mythen, die sich teils hartnäckig hielten, widerlegt werden konnten. Einig ist man sich mittlerweile insofern, dass davon ausgegangen wird, dass Resilienz mit der Fähigkeit einhergeht, sich an kritische Umstände anzupassen. Diese Anpassungsfähigkeit kann zwar je nach Situation variieren, aber eine bessere Anpassungsfähigkeit sorgt dafür, dass trotz schwieriger Umstände oder einschneidender Erlebnisse die menschliche Psyche nicht stark oder gar dauerhaft in Mitleidenschaft gezogen wird.

Damit ist nicht gemeint, dass ein Schicksalsschlag nicht traurig, betroffen oder wütend machen kann. Diese Gefühle sind vollkommen normal und auch gesund. Resilienz bedeutet nicht, dass keine Gefühle mehr auftreten und man in einer Rüstung steckt, die alle emotionalen Regungen überflüssig macht. Es geht vielmehr darum, dass ein resilienter Mensch sich bedingt durch seine Anpassungsfähigkeit und ein gewisses Set an Rüstwerkzeugen – gemeint sind damit die schon erwähnten Fähigkeiten und Einstellungen, die als Schutzfaktoren bezeichnet werden – nicht von Schicksalsschlägen niederreißen lässt, sondern diese sinnvoll in sein Leben integrieren und gut damit leben kann. Zudem können auch kleinere Stressoren besser ertragen werden und die generelle Lebenssituation wird als beständiger und angenehmer wahrgenommen.

Bevor du nun zum nächsten Absatz übergehst, lege, wenn du magst, eine kleine Pause ein und überlege dir, was Resilienz für dich bedeutet.

- Welche Attribute fallen dir dazu ein?
- Was verbindest du mit dem Wort?
- Ist es dir im beruflichen Kontext schon mal begegnet?
- Welche Chancen siehst du für Personen mit einer starken psychischen Widerstandskraft?
- Wen hast du vor deinem inneren Auge, wenn du an eine resiliente Person denkst?

Wie kann Resilienz dir gerade heute helfen?

Mitunter denken Menschen, dass Resilienz etwas ist, das für sie keine Rolle spielt, da sie ja keinen so einschneidenden Schicksalsschlägen wie der Diagnose einer unheilbaren Krankheit ausgesetzt sind und nicht in einem von Krieg oder Hunger bedrohten Land leben. Resilienz ist aber keinesfalls nur etwas, was sich bei höchst dramatischen Lebensumständen positiv auf unsere Lebensqualität auswirken kann, sondern sie kann schon viel früher greifen.

In unserer heutigen Zeit sind wir bewusst und unbewusst verschiedensten Herausforderungen ausgesetzt. Die technischen und wissenschaftlichen Entwicklungen und Neuerungen sorgen zum einen dafür, dass wir immer mehr körperliche Arbeit abgeben können – zum anderen führen sie aber auch zu einer immer stärker empfundenen Schnelllebigkeit, mit der Schritt gehalten werden muss. Im Vergleich zu den Generationen vor uns müssen wir uns mit rasanten Entwicklungen in den verschiedensten Bereichen unseres Lebens auseinandersetzen. Die Medien durchdringen mittlerweile jeden Teil unseres Alltags, was zwar zum einen zu mehr Unabhängigkeit und Mobilität, zum anderen aber zu einem hohen Maße an Stress geführt hat, da wir uns mit Herausforderungen wie Reizüberflutung, Nicht-abschalten-können-oder-dürfen und vielen anderen Stressoren konfrontiert sehen. Wir müssen immer erreichbar und up to date sein.

Wir haben zwar viel mehr als früher die Möglichkeit, uns zu bilden und zu informieren, aber wir werden auch mit zahlreichen Dingen konfrontiert, von denen unsere Urahnen noch keine Ahnung hatten. Soziale Spannungen und Krisen erleben wir nicht nur im Privaten und vor unserer eigenen Haustür, sondern auf der gesamten Welt. Globale Wirtschaftskrisen oder gesundheitliche Bedrohungen wirken sich auch auf uns aus.

Gerade Frauen erleben immer wieder das Problem der Doppelbelastung durch Erwerbs- und Hausarbeit sowie die Versorgung von Kindern, älteren Verwandten oder gesundheitlich beeinträchtigten Familienmitgliedern. Eine mangelnde Unterstützung im direkten Umfeld – vielleicht sind deine Freunde durch berufsbedingte Umzüge auf der ganzen Welt verteilt, vielleicht stammst du aus einer sehr kleinen Kernfamilie oder du hast in deinem Umfeld keine Personen, die du um Hilfe bitten magst oder kannst – kann diese Doppelbelastung besonders deutlich hervortreten und das Leben zum Balanceakt zwischen Arbeit, Kindererziehung, Pflege und Haushalt werden lassen.

Zudem haben wir heute im Vergleich zu früheren Generationen viel mehr Entscheidungsoptionen: Wo möchte ich leben? Was möchte ich lernen? Mit wem möchte ich wann wie meine Zeit verbringen? Welche Medien möchte ich nutzen? Welche muss ich nutzen? Die Möglichkeit, sich entscheiden zu können, bringt auch eine gewisse Form von Entscheidungsdruck und das Bedürfnis, sich umfassend informieren zu müssen, um eine fundierte Entscheidung treffen zu können.

Mittlerweile können wir viele Dinge bequem selbst mit unseren Smartphones erledigen, etwa eine Rechnung begleichen, einen Flug buchen oder unsere Steuererklärung machen. Früher mussten wir dafür je nach Situation zur Bank, ins Reisebüro oder zum Steuerberater. Jetzt können wir die Mail an die Chefin beim Warten auf die U-Bahn tippen, die Rechnung für das im Internet bestellte Hundefutter in der Schlange im Supermarkt begleichen und die besten Hotels in Berlin im Aufzug suchen. Wir nutzen unsere Zeit effektiv und davon jede Minute.

Dadurch haben wir aber eben auch keine Minute frei, etwa für Müßiggang und Gedankenpausen. Wann hast du das letzte Mal einfach so ins Blaue geschaut? Und das nicht, weil du vor lauter Kopfkarussell nicht mehr auf den Bildschirm schauen konntest?

Genau wegen der oben aufgezählten Veränderungen in unserer Gesellschaft ist Resilienz heute besonders wichtig. Wir sind mit einem immer schnelleren Tempo des Fortschritts konfrontiert und sollen in der Lage sein, uns immer wieder erfolgreich und unbeeindruckt an neue Situationen anzupassen. Wir sollen mobil sein und ohne soziales Netz auskommen, aber doch bitte auch erfolgreich Familie und Freunde managen und natürlich fest im Beruf stehen und uns selbst verwirklichen. Und das soll noch recht mühelos aussehen und uns auf keinen Fall in Stress versetzen.

Gerade weil wir in einer so schnelllebigen Zeit leben, alte soziale Strukturen durch Mobilität und andere kulturelle Veränderungen aufbrechen und viele Menschen nicht mehr so fest in Gemeinschaften vor Ort eingebunden sind wie früher, wir globale Probleme und deren Auswirkungen viel bewusster und direkter mitbekommen und wir statt einem vorgefertigten Lebenslauf – Schule, Heirat, Kinder – selbst entscheiden und mitwirken wollen und sollen, müssen wir die nötigen Kompetenzen und die nötige Stärke dafür haben.

Dabei ist es wichtig, dass wir im Alltag eine gewisse Balance etablieren können zwischen Aktion und Erholung, Arbeit und Pause und uns eine gewisse Standfestigkeit aufbauen, die es uns erlaubt, mit Rückschlägen oder Gegenwind auf konstruktive Weise umzugehen.

Jeder von uns wird sicherlich schon einmal einen Tag wie in der Einleitung erlebt haben, an dem scheinbar alles zusammenkommt. Haben wir einen konstruktiven Umgang mit Problemen und Hindernissen etablieren können, wird der Tag dadurch zwar nicht unbedingt schöner, aber wir fühlen uns unseren Lebensumständen nicht ohnmächtig ausgeliefert. Wir verlieren dadurch nicht das Vertrauen in unser Lebensglück und unsere eigenen Fähigkeiten und können immer noch darauf bauen, dass wir unser Möglichstes tun, um unsere Situation wieder zu verbessern.

Haben wir hingegen keinerlei Frustrationstoleranz aufgebaut, fühlen wir uns bei jeder Kritik sofort gekränkt, bei jedem Unfall persönlich angegriffen, bei jedem Fehler in unseren Grundfesten verunsichert und sind in unserem Handeln und in unserem Erleben sehr eingeschränkt. Wir werden uns immer wieder mit großen und kleinen Problemen und Krisen herumschlagen müssen. Ganz gleich, ob diese von außen an uns herangetragen werden, ganz ohne unser Zutun, oder ob wir selbst verantwortlich sind – Fehler und Krisen sind Teil unseres Lebens. Damit wir aber unangenehme Situationen möglichst unbeschadet überstehen, ist Resilienz wichtig.

Wer Schwierigkeiten immer aus dem Weg geht oder Probleme ignoriert, verschlimmert diese meist nur unbeabsichtigt und bringt sich auch um das wertvolle Erleben der eigenen Selbstwirksamkeit. Resilienz erlaubt uns, auch schwierige Erlebnisse sinnvoll in unsere eigene Lebensbiografie zu integrieren und nicht daran zu verzweifeln oder erstarrt in die Opferrolle zu fallen.

„Bewahre mich vor dem naiven Glauben, es müsste im Leben alles gelingen. Schenke mir die nüchterne Erkenntnis, dass Schwierigkeiten, Niederlagen, Misserfolge, Rückschläge eine selbstverständliche Zugabe zum Leben sind, durch die wir wachsen und reifen." - Antoine de Saint-Exupéry

Wenn wir aktiv bleiben können, vielleicht auch erst nach einem Schockmoment, dann haben wir die Chance, das Hindernis, welches sich uns entgegenstellt, aus dem Weg zu räumen. Wir können es aus einer neuen Perspektive betrachten und neben all dem Unangenehmen und Schrecklichen vielleicht auch die im oben genannten Zitat von Antoine de Saint-Exupéry erwähnte Chance zum Lernen und Wachsen entdecken.

Natürlich wäre es vermessen und auch viel zu viel verlangt vorauszusetzen, in jeder Situation den Nutzen, Lehrwert oder die Chance erkennen zu können. Aber wenn du prinzipiell um diese Option weißt und du die Erfahrung machen konntest, dass dich das Leben mit seinen großen und kleinen Schicksalsschlägen nicht kleinkriegen kann – dann kannst du in unbekannte und auch unangenehme Situationen viel selbstsicherer hineingehen. Du weißt, dass du die Kapazitäten hast, schwierige Momente auszuhalten, aus Krisen gestärkt hervorzutreten und zu wachsen – möglicherweise mit Wachstumsschmerzen, aber stark und selbstbewusst.

Eine gute Resilienz kann zudem dabei helfen, psychischen Krankheiten vorzubeugen und die körperliche und geistige Gesundheit zu stärken – und das trotz veränderter Anforderungen an das Arbeits- und Privatleben bedingt durch die zunehmende Mobilität, den technischen Fortschritt und die digitalen Medien.

Solltest du mit einer chronischen Krankheit leben, kann dir Resilienz ebenfalls dabei helfen, dein Lebensgefühl zu verbessern, da diese Fähigkeit sich positiv auf die Bewältigung von Krankheiten auswirken soll. So haben Jenny Rosendahl und Francesca Färber herausgefunden, dass Personen mit hoher Resilienz bei einer körperlichen Erkrankung psychisch weniger stark von der Erkrankung belastet werden. Je höher die Resilienz ausgeprägt war, desto weniger ging die körperliche Erkrankung mit mentalen Symptomen der Belastung einher. Mehr dazu erfährst du im Kapitel „Dein Potenzial entfalten" im Abschnitt „Resilienz bei chronischer Erkrankung". Und selbstverständlich wirkt Resilienz nicht nur vorbeugend, sondern auch in akuten Krisen.

Noch einmal zusammengefasst:

Wie kann Resilienz dir in deinem gegenwärtigen Alltag helfen?

- Sie kann dir Unterstützung in einem hektischen Alltag bieten.
- Sie bietet dir die Grundlage, auf der du dich Unangenehmem oder Neuem stellen und deine Komfortzone verlassen kannst.
- Sie kann die empfundene Lebensqualität verbessern.
- Sie kann sich bei chronischen und körperlichen Krankheiten positiv auf die Krankheitsbewältigung auswirken.
- Sie kann psychische Belastungen in Akutsituationen abfedern.
- Sie kann als mentales Schutzschild bei den täglichen Stressoren und Herausforderungen eingesetzt werden.
- Sie kann zur Förderung der Selbstheilungskräfte genutzt werden.
- Sie unterstützt dich bei deinem Selbstmanagement.
- Sie kann dich in therapeutischen Settings, aber auch in der Familie oder in der Firma unterstützen.
- Sie kann deine Beziehung zu dir selbst und zu anderen verbessern.

Wie geht es dir, wenn du diese Aufzählung liest? Wie nimmst du dich jetzt wahr? Beschwingt dich das, was du liest oder spürst du eher einen inneren Widerwillen? Beschleichen dich Zweifel? Oder denkst du, dass das ja alles ganz nett klingt, aber bei dir sowieso nicht funktionieren wird? Oder dir möglicherweise gar nicht zusteht?

Erlaube dir einen kleinen Moment der Reflexion und lass dich – wenn du magst – von folgenden Fragen inspirieren:

- Denkst du, Resilienz benötigt man nur bei dramatischen Schicksalsschlägen wie dem Tod eines geliebten Menschen?
- Kennst du Personen, an denen scheinbar alles Schlimme abprallt und die sich nicht beirren lassen?
- Wie wirken diese Personen auf dich?
- Was glaubst du, machen diese Personen anders als Menschen, die sich von Krisen schnell verunsichern und lähmen lassen?
- Wie geht es dir selbst, wenn du im Alltag unter Stress gerätst?
- Wie handlungsfähig bist du, wenn du in einer akuten Krise steckst?
- Wie empfindest du deinen Umgang mit Problemen?
- Hast du eine hohe Frustrationstoleranz oder gehst du schnell an die Decke?
- Neigst du dazu, dich in Extremen zu verlieren oder kannst du immer wieder für Balance in deinem Leben sorgen?
- Wie würdest du deine Fehlerkultur einschätzen? Darfst du Fehler machen oder bricht dann eine Welt zusammen?
- Wie schätzt du deine eigene Resilienz ein?

Herausforderung für die Resilienz – Stressoren im Alltag

Die vorherigen Fragen können dir dabei helfen, zu sehen, wo du selbst stehst. Eine solche Selbstverortung kann sehr aufschlussreich sein, vor allem, weil wir uns in unserem hektischen Alltag oftmals gar nicht die Zeit nehmen können, innezuhalten und in aller Ruhe zu betrachten, wo wir stehen, wie wir dahin gekommen sind und wohin die Reise gehen soll. Es ist immer noch en vogue, „busy" und „im Stress" zu sein – aber nicht selten führt das dann dazu, dass wir auf unserer Jagd im Hamsterrad von körperlichen oder seelischen Beeinträchtigungen ausgeknockt werden und gar nichts mehr geht. Körper und Seele stellen uns dann ein nicht zu übersehendes Stoppschild vor die Füße und wir werden förmlich dazu gezwungen, uns mit unseren aktuellen Problemen auseinanderzusetzen.

Wie ist das bei dir?

- In welchen Bereichen deines Lebens spürst du eine starke Dysbalance?
- Gibt es Aspekte in deinem Leben, die du vernachlässigt hast?
- Musstest du einen schweren Schicksalsschlag verarbeiten?
- Gibt es in deinem Alltag möglicherweise kleine Stressoren, die sich über die Zeit summieren?
- Hast du Möglichkeiten zum Ausgleich oder musst du immer alles geben?
- Hast du ein soziales Netz, das dich auffangen und in deinem Alltag unterstützen kann?
- Erlebst du einige deiner zwischenmenschlichen Beziehungen als belastend?
- Wie empfindest du deine berufliche Situation?

- Musst du dich der Herausforderung einer körperlichen oder psychischen Beeinträchtigung oder Erkrankung stellen?

Mitunter ist uns in unserem vollgepackten Alltag gar nicht bewusst, wie sehr sich Stress und Anspannung bei uns breit gemacht haben. Wir merken vielleicht, dass sich etwas nicht richtig anfühlt, können es aber nicht auf den Punkt bringen. Und schließlich sind wir von einem Burnout noch weit entfernt, oder?

Das mag stimmen, aber so schlimm muss es ja auch gar nicht erst werden. Stehen wir ständig unter Stress und haben nicht gelernt, große und kleine Krisen auf konstruktive Weise zu bewältigen und einzuordnen, kann dies sowohl unsere körperliche als auch unsere mentale Gesundheit beeinträchtigen. Im schlimmsten Fall können beispielsweise stressbedingte Erkrankungen des Herz-Kreislaufsystems, Schlafstörungen oder psychische Störungen wie Ängste oder Panikattacken entstehen.

Darum lohnt es sich, immer mal wieder innezuhalten und zu schauen, wie und ob dein Körper und auch deine Seele dir mitteilen, dass sie zu viel Stress erleben. Das kann sich auf unterschiedliche Weise zeigen und mitunter auch sehr versteckt sein. Wir alle sind daran gewöhnt, zu funktionieren und diese wichtigen Signale unseres Körpers zu übersehen – bis wir dann mal Zeit haben. Wichtig ist aber, sich die Zeit bewusst zu nehmen und bereits gut für sich zu sorgen, bevor sich der Stress festsetzen und zu Schädigungen deines Körpers oder Geistes führen kann.

Bemerkst du bei dir möglicherweise eines der folgenden Symptome?

- Getriebensein, innere Unruhe
- Geringe Frustrationstoleranz
- Gedankenspiralen und Grübelzwang

- Selbstvorwürfe und Schuldzuweisungen
- Konzentrationsschwierigkeiten und eine eingeschränkte Gedächtnisleistung
- Wattiger Kopf/Brain Fog
- Passiv-aggressives oder offen aggressives Verhalten
- Starker Zynismus
- Ungeduld
- Erhöhter Muskeltonus
- Erhöhter Herzschlag
- Einschlafschwierigkeiten
- Aufgedrehtsein/Probleme, abzuschalten
- Stressschwitzen
- Selbstberuhigung mit Genussgiften wie Alkohol, Tabletten oder anderen Drogen
- Überspringen von Ruhezeiten
- Verändertes Essverhalten

Diese Symptome können ein Anzeichen für eine erhöhte Stressbelastung sein. Möglicherweise nimmst du diese im Alltag gar nicht so bewusst wahr, sondern ärgerst dich sogar darüber, dass du irgendwie immer so fahrig und unkonzentriert bist und bei jeder kleinen Sache aus der Haut fährst? Diese innere Einstellung kann den Stress zusätzlich verstärken.

Während die später im Kapitel „Kann man Resilienz lernen?" vorgestellten Resilienz- oder Schutzfaktoren Stress und seine Auswirkungen abmildern und verringern können, droht die Gefahr, dass zusätzliche negative Gedanken- und Handlungsmuster den subjektiv erlebten Stress noch verstärken. Die Auswirkungen, die du sowohl auf körperlicher Ebene, etwa durch einen schnelleren Herzschlag, eine schnellere Atmung und Muskelzittern oder Verspannungen, als auch auf geistiger Ebene durch kognitive Einbußen oder unangenehme Gefühle wie Angst, Wut und Hoffnungslosigkeit erlebst, können sich ausbreiten. Mit einer gestärkten Resilienz und aktivierten Schutzfaktoren kannst du aus dieser Spirale aussteigen und verhindern, dass die negativen Aspekte sich gegenseitig noch verstärken.

Eigenschaften von Menschen mit starker Widerstandsfähigkeit

Erinnerst du dich an das Beispiel aus der Einleitung mit der Freundin, die jede Hürde in ihrem Leben problemlos zu meistern scheint und wie von einem unsichtbaren Schild umgeben wirkt? Sie ist kein Glückspilz, der vom Leben nur die guten Karten zugeteilt bekommen hat, ihr wurde nie was geschenkt und man kann auch wirklich nicht behaupten, dass sie es leichter hat als andere. Und doch wirkt ihr Leben so mühelos, ihr Umgang mit Krisen so unangestrengt, ihr Verhalten bei Problemen so klar und konstruktiv.

Oder der frühere Schulfreund. Bei ihm ist in jungen Jahren bereits eine starke Form der Arthritis diagnostiziert worden, die ihn durch ihre Schübe immer wieder von seinem Alltag abhält. Er musste das Gitarrespielen aufgeben, weil er die Seiten nicht mehr gut greifen kann, und wird sich früher oder später nach einer anderen Arbeit umschauen müssen, weil bei seiner jetzigen auch Fingerfertigkeit gefragt ist. Nach dem anfänglichen Schock und einer gewissen Niedergeschlagenheit hat er sich neu orientiert und aufgestellt: Die Gitarre musste aus seinem Leben verschwinden, die Musik allerdings nicht – jetzt zupft er auf einer Bassukulele mit dicken Seiten und nimmt Gesangsunterricht, weil er Singen auch dann weiter ausüben kann, wenn seine Finger für die Ukulele zu steif werden sollten. Er hat sich auf dem Arbeitsmarkt umgeschaut und macht Fortbildungen, die es ihm erlauben, in einen theoretischeren, weniger praxisbezogenen Bereich seiner Arbeit zu wechseln. Dadurch kann er sich immer noch mit dem beschäftigen, was ihn interessiert, wenn er seinen aktuellen Job irgendwann nicht mehr ausüben kann. Er hat sich mit Menschen mit der gleichen Diagnose vernetzt, um sich über Möglichkeiten und Chancen bezüglich einer guten ärztlichen Begleitung auszutauschen und sein Umfeld mit den neuen Anforderungen vertraut gemacht. Sein Leitspruch ist ein berühmtes Zitat, welches dem Dalai-Lama zugeschrieben wird: „Schmerz ist unvermeidlich. Leiden ist freiwillig."

Was unterscheidet also diese Menschen mit starker Widerstandskraft von anderen?

Eins vorweg: Die psychische Widerstandsfähigkeit eines Menschen wird durch verschiedene Aspekte beeinflusst und ist teilweise auch genetisch bedingt. Persönlichkeitsstrukturen und Veranlagungen wirst du nicht einfach ändern können und es macht in diesem Punkt auch wenig Sinn, dich eins zu eins mit anderen zu vergleichen. Auch verhalten sich nicht alle Menschen mit einer starken Resilienz komplett gleich oder weisen die gleichen Stärken auf.

Was du aber tun kannst, ist zu schauen, welche Unterschiede Menschen mit starker Resilienz in puncto Einstellungen und Bewertungen sowie Handeln im Vergleich zu weniger resilienten Menschen an den Tag legen, um gewisse Muster zu erkennen.

Führe dir noch mal das Verhalten des Freundes vor Augen. Er hat sich nicht aus seinem Hobby zurückgezogen und damit auch den Kontakt zu seinen Freunden und Bandkollegen abgebrochen, sondern sich mit neuen Möglichkeiten des Musikmachens arrangiert, die ihm eine Teilnahme erlauben. Anstatt sich bei fortschreitender Krankheit dem Schicksal einer potenziellen Arbeitslosigkeit zu ergeben, hat er proaktiv Schritte eingeleitet, um sowohl weiter in seinem Bereich arbeiten als auch Kontakte zu seinem Umfeld aufrechterhalten zu können. Auch wenn die Diagnose niederschmetternd war, hat er sich danach wieder aufgerichtet und versucht, diese Tatsache, die sich nicht ändern lässt, auf bestmögliche Weise in sein Leben zu integrieren. Die Beziehungen zu seinen Freunden, Kollegen und Bekannten kann er weiter aufrechterhalten und zudem knüpft er neue Kontakte in einem Bereich, in dem sein bisheriges Umfeld keine Vorkenntnisse hat und ihn vermutlich auch nicht verstehen können wird. Er zeigt sich weiterhin interessiert an seinem Leben und seiner Umwelt, tritt in Austausch und Kontakt und versucht, seine Lebensträume in dem ihm möglichen Rahmen umzusetzen. Statt sich in wilden Katastrophenfantasien zu verlieren, versucht er, realistisch einzuschätzen, was er kann und was ihm nicht möglich ist, und er legt dabei trotz aller Widrigkeiten eine positive Einstellung an den Tag, statt sich aufzugeben.

Natürlich hätte der Freund seinen Job, seine Leidenschaft für Musik und sein Sozialleben aufgeben können – schließlich führt die Krankheit ja zu immer weiter voranschreitenden Einschränkungen. Aber er hat sich eben nicht seinem Schicksal ergeben, ist nicht in der Vergangenheit verharrt oder hat Schreckensszenarien in der Zukunft befürchtet, sondern sein neues Leben direkt in Angriff genommen. Dabei hat er sich auf die Aspekte konzentriert, in denen er weiter Freude und Ausgleich erleben kann und die ihm für ein glückliches Leben wichtig sind.

Kapitel 2 - Bin ich eine resiliente Persönlichkeit?

Die Frage, ob du dich selbst als resiliente Persönlichkeit wahrnimmst, ist eine sehr private – aber vermutlich wird dein Selbstbild trotzdem nicht ganz unbeeinflusst sein von der Meinung anderer.

Wie bei vielen Aspekten, die unser Selbstbild betreffen, können vor allem alte Glaubenssätze aus unserer Kindheit und Jugend an uns haften wie Doppelklebeband und dazu führen, dass wir unsere eigene Resilienz als viel weniger ausgeprägt bewerten würden als sie möglicherweise ist. Dabei kann es sich um Spott handeln, dessen Zielscheibe wir im Kindergartenalter oder in der Schule waren: „Nee, die Anne ist so eine Zimperliese, die nehmen wir nicht in unsere Bande auf." „Boah, Laura heult schon wieder wegen nichts, so eine Mimose." „Typisch Merle, die kann aber auch nichts ab. Was für ein verweichlichtes Kind."

Aber es können auch wohlmeinende Ratschläge oder Aussagen über dich oder eine Gruppe, der du dich zugehörig fühlst, dazu führen, dass du den Eindruck gewonnen hast, du hättest keine Widerstandsfähigkeit. Etwa das übervorsichtige Familienmotto deiner Mama: „Wir Köhlers sind empfindliche Leute, wir müssen immer gut aufpassen, wir übernehmen uns so leicht und sind doch so zarte Seelen." Sicher wollte deine Mutter dich nur schützen und vielleicht neigte sie auch dazu, sich zu übernehmen und hatte Schwierigkeiten, Dinge zu verarbeiten – aber trifft das auch auf dich zu? Oder hast du das nur familienbedingt übernommen und auf dich selbst gemünzt, eben weil du auch eine Köhler bist?

Oder der Lehrer, der dir und deinen Klassenkameradinnen immer verboten hat, die großen Matten beim Turnen in die Halle zu tragen. „Lasst das mal die Jungs machen, die sind einfach stärker. Mädchen sind doch so empfindlich. Nachher tut sich eine von euch noch weh." Vielleicht wollte er ritterlich sein, vielleicht saß er veralteten Mustern auf – bei dir kam auf jeden Fall an: Mädchen sind empfindlich. Mädchen sind schwächer als Jungs.

Und denk an den ersten Freund deiner besten Freundin, der euch erklärt hat, dass Jungs nur Mädels mögen, die zart und weiblich sind und sich helfen und schützen und retten lassen – alles andere würde das Interesse der Jungs gleich im Wind verpuffen lassen. Auch wenn du diese Sprüche schon damals doof fandest und gespürt hast, dass das Quatsch sein muss, hinterlassen die Worte doch Stacheln – je nachdem, wie viel positive Unterstützung du sonst erfahren hast, können diese kleiner oder auch groß und hartnäckig sein.

Möglicherweise gab es auch Anlass zu Vorsicht in deinem Leben, etwa nach einem schweren Unfall oder wegen einer Krankheit. Bist du als Frühchen zur Welt gekommen, haben deine Eltern vermutlich alles dafür getan, dich vor Gefahren zu schützen. Oder du hattest mit Asthma zu kämpfen und dein Umfeld hat immer darauf geachtet, dass du dich nicht überanstrengst, und jedes Mal, wenn dich doch die Lust zum Toben überkam, wurdest du mit dem Hinweis gemaßregelt, dass du das doch nicht darfst, weil du zu krank bist. Mitunter verlieren sich Eltern vor lauter Sorge um ihre Kinder in einem übervorsichtigen Verhalten. Das kann Unsicherheit in den Kindern schüren, die anfangen, ihrer erlebten Kraft zu misstrauen und immer mehr an ihrer Selbstwirksamkeit zu zweifeln. Dabei können sowohl Zweifel an den körperlichen als auch an den mentalen Stärken auftreten und auch übertragen werden.

Ganz gleich, ob als Spott oder als gutgemeinter Ratschlag – diese Zuschreibungen und Hänseleien, Ratschläge und ständigen Warnungen können dazu führen, dass ein Kind sich nicht mehr traut, seine eigene Stärke auszuprobieren. Es richtet sich ein in seiner Rolle als empfindliches Kind und vielleicht ist es da sogar ganz nett, weil nicht von einem erwartet wird, dass man mit Dingen allein fertig wird. Aber wie ist es, wenn man dann erwachsen wird und sich aus dieser Rolle lösen muss? Wenn die Zeit des Heranwachsens nicht dafür genutzt werden konnte, Problemlösekompetenzen zu entwickeln und Frustrationstoleranz zu erlernen? Vielleicht erwarten deine Eltern gar nicht von dir, dass du diese erwachsene Rolle einnimmst, aber dein Umfeld sicherlich. Und wie kann ein Verhältnis zu den Eltern auf Augenhöhe entstehen, wenn sie dich in der Rolle des empfindlichen Kindes halten, das man vor dem Leben mit all seinen Härten schützen muss?

Wie war das bei dir?

- Gab es jemandem in deinem Umfeld, der dir immer wieder eingebläut hat, vorsichtig zu sein?
- Existierte ein Familienselbstbild, das euch als besonders empfindlich zeichnete?
- Wurde von Mädchen erwartet, das „schwächere" Geschlecht zu sein?
- Wurdest du mit Spitznamen wie „Mimose" geneckt?
- Wolltest du schon immer das zarte Wesen sein, welches gerettet wird?
- Falls ja, wieso? Was gefällt dir an dieser Vorstellung? Assoziierst du bestimmte Rollenbilder damit?
- Warst du früher oft krank und waren deine Eltern deswegen sehr um dich besorgt?
- Hast du dich damals in der dir zugewiesenen Rolle als

empfindliche Person eingerichtet, um Anstrengungen zu entgehen?

- Spielst du die „Empfindliche Person"-Karte auch heute noch aus, um es dir leichter zu machen?
- Welche Vorteile genießt du durch das Festhalten an dieser Rolle?
- Welche Erlebnisse sind dir dadurch entgangen? Was hast du verpasst?

Mit diesen Fragen im Hinterkopf kannst du noch einmal schauen, welche Impulse in dir aufsteigen, wenn du dir wieder die Frage stellst: Wie resilient nimmst du dich als Person wahr?

Wenn dir aktuell der Zugang dazu fehlen sollte oder du schwer einschätzen kannst, wie stark deine Resilienz ausgebaut ist, mache doch einfach mal einen Test. Beantworte die folgenden 14 Fragen mit „Stark" bei großer Zustimmung, mit „Gar nicht" bei großer Ablehnung und mit „Mittel", wenn du irgendwo dazwischen liegst. Zur Auswertung gib dir für jede Stark-Antwort 10 Punkte, für jede Mittel-Antwort 5 und für jede Gar nicht-Antwort 0.

	Stark	Mittel	Gar nicht
Bist du zufrieden mit dir?			
Bist du stolz auf deine Leistungen?			
Kannst du selbstdiszipliniert an etwas arbeiten?			
Erlebst du dein Leben als sinnerfüllt?			
Hast du Freude im Leben?			
Bist du gedanklich eher im Jetzt, anstatt oft in der Vergangenheit oder der Zukunft zu sein und anstatt mit Erlebtem zu hadern oder dich vor dem zu fürchten, was kommen könnte?			

Kannst du loslassen?			
Kannst du akzeptieren, wenn etwas nicht von dir beeinflusst werden kann?			
Kannst du mit dir allein sein, ohne dich einsam zu fühlen?			
Kannst du einen anderen Blickwinkel auf eine Situation einnehmen?			
Pflegst du Hobbys, Ehrenämter oder andere Interessen?			
Interessiert dich deine Umwelt?			
Kannst du dich auf dich selbst verlassen?			
Vertraust du dir und deinen Stärken?			

Die gestellten Fragen zielen alle auf Eigenschaften oder Fähigkeiten ab, die laut der Forschung einer starken Resilienz zuträglich sind. Du konntest maximal 140 Punkte erreichen. Je näher deine Gesamtpunktzahl an den 140 Punkten liegt, desto stärker ausgeprägt ist vermutlich deine Resilienz.

Beachte bitte, dass dieser Test nur der groben Orientierung dient und vor allem auch nur eine Momentaufnahme deiner selbst darstellt. Resilienz kann sich entwickeln und verändern und ist kein in Stein gemeißelter Zustand.

Resilienz – Eigenwahrnehmung und Fremdwahrnehmung

Ganz wichtig: Die Antwort auf die Frage nach deiner Resilienz kannst du dir nur selbst geben. Die Frage „Wie wirst du wahrgenommen?" kann dir zwar Impulse in die richtige Richtung geben, aber es gibt auch sehr viele Menschen, die sich bestens darauf verstehen, sich nach außen zusammenzureißen und innerlich zu zerbrechen oder an kleinsten Dingen zu verzweifeln. Daher decken sich Außen- und Selbstwahrnehmung nicht zwangsläufig.

Es passiert auch nicht selten, dass Menschen dir eine gewisse Form der Widerstandsfähigkeit zuschreiben, damit sie sich weniger Gedanken um dich machen müssen oder ihre Arbeit auf dir abladen können. Kennst du Sprüche wie „Ach, die Julia ist so 'ne Toughe, die kriegt das schon hin." oder „Wenn nicht du, wer dann?" oder „Dich braucht man nicht zu schonen, du bist doch so hart im Nehmen, dir geht doch nichts wirklich nah."?

Achte einmal darauf, wer dir das wann und warum sagt und was das mit dir macht. Kommen diese Aussagen dann, wenn du wirklich Stärke zeigst oder wenn sich jemand wünscht, dass du ihn nicht durch deine vermeintliche Schwäche belastest oder er deine Stärke für sich nutzen will. Versuchst du diesen Vorgaben zu entsprechen, auch wenn du eigentlich gar nicht so belastbar bist und du dich völlig übernimmst? Was passiert da?

Nicht selten klopfen diese Aussagen direkt bei unserem Selbstwertgefühl an und auch bei dem Wunsch, von anderen gemocht und anerkannt zu werden. Widerstandsfähigkeit, Stärke und Belastbarkeit gelten als angesehene Attribute und wir freuen uns natürlich, wenn diese Aspekte mit uns in Verbindung gebracht werden. Wer möchte nicht gerne als gefestigte Person mit hoher mentaler Widerstandsfähigkeit wahrgenommen werden?

Aber bitte achte gut darauf, warum und in welchem Kontext du diese Zuschreibung bekommst:

Als Form der Anerkennung, weil du gerade mentale Stärke bewiesen hast oder eine Situation gut meisterst? Als Aufmunterung, um dich in einer Krise zu motivieren und dir beim Durchhalten zu helfen? Als realistische Einschätzung deiner aktuellen Resilienz oder als Wunschbild, damit du dich nicht beschwerst und weiterhin funktionierst, auch wenn du angemeldet hast, dass du überlastet bist und Hilfe benötigst oder vielleicht Aufgaben abgeben musst?

Die Personen, die entsprechende Aussagen aus letztgenannten Gründen treffen, müssen dies nicht in böser Absicht tun. Vielleicht ist es Gedankenlosigkeit, vielleicht auch Unsicherheit, Angst vor dem Wegbrechen einer festen Konstante oder auch Bequemlichkeit. Es lohnt sich auf jeden Fall, genauer hinzuschauen und klar zu unterscheiden, was deine eigene Wahrnehmung ist und was dir von anderen zugeschrieben wird.

Aber ich bin nicht stark...

Was ist nun aber, wenn du bisher wenig von deiner Resilienz gemerkt hast? Ordnest du dich aufgrund deiner Selbsteinschätzung dem mittleren Drittel mit einer mittleren Resilienz oder dem untersten Drittel mit einer niedrigen Resilienz zu, bist du kein Einzelfall.

Studien und Schätzungen zufolge scheint es nämlich keinesfalls normal zu sein, eine hohe Resilienz zu haben. Etwa ein Drittel aller Personen sollen dem Bereich der hohen Resilienz zuzuordnen sein, während das zweite Drittel eine mittlere Resilienz und das letzte Drittel eine niedrige Resilienz aufweisen soll.

Brigitte Schäfer merkt in ihrem Buch „Resilienz.100 Seiten" an, dass der Begriff Resilienz eine gewisse „Erlösungskomponente" beinhaltet, weil er anders als andere Worte keine Schwächen oder Mängel der Person aufzeigt. Menschen mit geringerer Resilienz sind nicht krank oder schuld an dem niedrigen Grad ihrer Resilienz.

Zudem hast du bereits erfahren, dass davon ausgegangen wird, dass nur ein Drittel aller Menschen überhaupt über eine hohe Resilienz verfügt. Somit befindest du dich in bester Gesellschaft, wenn deine Resilienz bisher noch nicht so ausgeprägt ist.

Der Ansatz, der Resilienz eine gewisse Erlösungskomponente zuzuschreiben, kann sehr befreiend wirken, er kann dich aus der gefährlichen Schuld- oder Schamfalle herausholen und auch aus der damit häufig einhergehenden Selbstisolierung. Viele Menschen reagieren auf Krisen nämlich mit Überforderung oder heftigen Gefühlen wie Wut oder starker Trauer. Vielfach neigen sie dann dazu, innerlich einen Schuldigen für diese Situation zu suchen, auch, um etwas anderes als die eigene Ohnmacht oder Überforderung zu spüren.

Gerade wenn wir ohnehin schon dazu neigen, hart mit uns ins Gericht zu gehen oder uns im Alltag viel abzuverlangen, werden wir in einer Krisensituation auch eher dazu neigen, die Schuldzuweisung nicht nach außen zu tragen, sondern nach innen zu richten. Die Vorwürfe werden also direkt an dich gerichtet: „Du bist nicht belastbar genug, du bist zu schwach, du bist nicht gut genug!"

Kennst du diesen inneren Monolog? Wer sich selbst für schwächlich, faul oder dumm hält, beginnt häufig auch, sich von anderen, die bei der Einnahme eines anderen Blickwinkels helfen könnten, zurückzuziehen, und isoliert sich selbst, was zu noch mehr negativen Gefühlen führen kann. Eine niedrige Resilienz hat aber keinesfalls etwas mit Schwäche, Faulheit oder eigenem Unvermögen zu tun, sondern sie setzt sich aus verschiedenen Aspekten zusammen und wird durch diverse Dinge beeinflusst, die wir selbst gar nicht willentlich steuern können.

Resilienz kann dich dabei unterstützen, eine neue Perspektive einzunehmen, durch veränderte Einstellungen und erlernbare Fertigkeiten. So kannst du Situationen mit einem Mal anders bewerten und bekommst nützliche Werkzeuge an die Hand, mit denen du dir selbst helfen kannst.

Nochmal: Deine Widerstandsfähigkeit ist etwas ganz Persönliches und wie bereits schon angeschnitten auch etwas

Dynamisches. Das bedeutet, dass sie sich im Laufe des Lebens ändern kann. Sie kann durch Erlebnisse von außen und durch Interaktionen mit anderen Menschen beeinflusst werden. Sie kann sich durch dein aktives Arbeiten an dir selbst und einen liebevollen und guten Umgang mit dir, deinem Körper und deiner Seele verändern und sie ist nichts, womit du dich von anderen in eine bestimmte Rolle drängen lassen solltest – weder in die des passiven Sensibelchens, das Dinge nicht allein hinbekommt, noch in die der Wonder Woman mit den Nerven aus Stahl, die alles allein bewerkstelligen muss!

Resilienz und die Kindheit

Wie wir bereits gesehen haben, gibt es bestimmte Aspekte, die sich zwar in unterschiedlicher Ausprägung und unterschiedlicher Verteilung, aber doch größtenteils bei Personen mit hoher Resilienz finden lassen können. Stangl verweist zwar darauf, dass einige Stressforscher vor allem die Genetik für die Ausprägung der Resilienz verantwortlich machen, da Personen mit hoher Resilienz ein anderes sogenanntes epigenetisches Muster in den Bereichen des Gehirns aufweisen, die für die Verarbeitung von Stress zuständig sind – aber neben deiner biologischen Ausstattung spielt auch deine Sozialisation eine wichtige Rolle. Sozialisation meint deine Einordnung und Integration in die Gesellschaft, in der du aufgewachsen bist, bei der du die in deiner Umgebung üblichen Verhaltensweisen und Einstellungen übernommen hast.

Du hast im vorherigen Abschnitt bei dir selbst geschaut, wie resilient du dich selbst wahrnimmst und auch wie du wahrgenommen wirst. Dabei bist du vielleicht über einige alte Glaubenssätze gestolpert, die dir in der Kindheit oder deiner Jugend übergestülpt wurden und die du mittlerweile übernommen hast. Eine kleine Reise in deine Vergangenheit lohnt sich nicht nur, um diese erwähnten Glaubenssätze aufzuspüren und auf ihren heutigen Wahrheitsgehalt zu überprüfen, sondern auch, um zu ergründen, welche Erfahrungen in deinen ersten Lebensjahren zur Entwicklung deiner Resilienz beigetragen haben können.

Tatsächlich lassen sich einige begünstigende Faktoren ausmachen, um zu einem resilienten Erwachsenen heranzuwachsen. Schließlich ist auch deine Resilienz nicht allein durch deine Erbanlagen und dein genetisches Setting geprägt, sondern auch durch deine Sozialisation. Vor allem die Art und Qualität der Bindung zu deiner Bezugsperson kann für eine gute Resilienz ausschlaggebend sein, aber auch andere Erfahrungen und Erlebnisse werden dich in dieser Widerstandsfähigkeit beeinflusst haben.

Forscher wie Petermann und Noeker verweisen auf vier Ebenen, wenn es um die Entwicklung von Resilienzfaktoren im Kinder- und Jugendalter geht:

- personale Kompetenzen
- Kompetenzen des Familiensystems
- Ressourcen des sozialen Netzwerks
- gesellschaftlich-kulturelle Aspekte

Mit den personalen Kompetenzen sind Dinge wie Lernen, Motivation, aber auch Selbstberuhigung und Stressverarbeitung gemeint.

Kompetenzen des Familiensystems umfassen die Erziehung, die du erlebt hast, die Interaktion mit deinen Familienmitgliedern und die Qualität der Bindung, die du zu deinen Hauptbezugspersonen und möglicherweise deinen Geschwistern oder anderen Verwandten hast. Ganz wichtig: Es muss nicht zwingend die Mutter sein, die die Hauptbezugsperson bildet. Wenn du eine stabile, enge und fördernde Beziehung mit einem anderen Familienmitglied, etwa einer Schwester, Tante, dem Vater oder der Großmutter, vielleicht sogar einer mütterlichen Freundin oder einem väterlichen Freund außerhalb deiner Kernfamilie geführt hast, kann dies ebenso förderlich für dich und das Ausbilden einer gesunden Resilienz gewesen sein.

Ist dieses Gesamtsetting günstig, konntest du als Kind ein gesundes Urvertrauen aufbauen. Dies verschafft den Heranwachsenden auch die Möglichkeit, angstfrei eine konstruktive Impulskontrolle und Emotionsregulation zu erlernen. Wer die Gewissheit hat, dass er angenommen wird und Teil einer Gemeinschaft ist, kann sich ausprobieren und angstfrei lernen. Fehler sind erlaubt und gehören dazu. In einer positiven Umgebung mit festen Bezugspersonen, die einen stabilen und liebevollen Umgang mit dir gepflegt haben, konntest du lernen, mit Frustration und Niederlagen sowie Krisen umzugehen.

Wirst du hingegen in einer Familie groß, in der Gefühle keinen Platz haben und unterdrückt werden sollen, kann kein sinnvoller Umgang mit ihnen erlernt werden. Waren deine Bezugspersonen für dich kein sicheres Gegenüber, ist es schwer möglich, ein Urvertrauen aufzubauen. Haben sie auf Krisen mit absoluter Hilflosigkeit, Wut oder Selbstaufgabe reagiert, kann es sein, dass du bestimmte Handlungsmuster oder Einstellungen unbewusst übernommen hast. Du hast dann gelernt, dass „eh alles egal ist" oder „es sowieso immer uns trifft, egal was wir machen". Hörst du als Kind ständig solche Sätze und siehst, dass deine Erziehungsberechtigten danach handeln, dann übernimmst du diese Einstellungen und Handlungsmuster unbewusst. Du zeigst sie in deinem Handeln oder deiner Interaktion mit anderen – etwa indem du dich in der Schule nicht anstrengst, weil es ja eh nichts bringt – und wirst durch mögliche Folgen, wie schlechte Noten zu bekommen oder keinen Ausbildungsplatz zu finden, scheinbar in der Einstellung bestätigt.

Die Ressourcen deines sozialen Netzwerks in deiner Kindheit und Jugend können sich ebenfalls positiv oder hinderlich auf die Ausbildung deiner Resilienz und der damit assoziierten Fähigkeiten auswirken: Durch ein stabiles Netzwerk können Kinder Förderung und positive Herausforderung erleben und somit ihre Bildung verbessern. Intelligenz und Bildung helfen dir beim Lösen von Problemen und dem Einnehmen anderer Perspektiven und können daher sehr zuträglich sein, wenn es darum geht, Herausforderungen richtig einzuschätzen, Maßnahmen zu ergreifen und die eigene Situation zu verbessern.

Je mehr du diese Prozesse eingeübt hast und je mehr Wissen dir zu Verfügung steht – auch in Bezug darauf, wie du selbst etwas lernen oder dir beibringen kannst oder dir bei einem neu auftretenden Problem Hilfe holst oder Dinge selbst angehen kannst –, desto souveräner bist du im Umgang mit Widrigkeiten und auch weniger abhängig.

Hast du keine Muster oder Werte und Normen, an denen du dich orientieren und ausprobieren kannst, ist es schwer, die eigenen Emotionen und Einstellungen einzuordnen, zu handeln und Wertevorstellungen und Sinn zu erzeugen.

Waren in der Schule keine Fehler erlaubt, wirst du es schwer gehabt haben, dich auszuprobieren und andere Wege als die vorgeschriebenen zu beschreiten. Du wirst dich vermutlich schwerer damit tun, eine eigene gesunde Fehlerkultur zu entwickeln, vieles aufgrund deiner Versagensangst nicht ausprobieren oder an Teilaspekten scheitern. Vielleicht hast du auch gegen erlebte Formen der Einengung rebelliert und mit Stress reagiert.

Übrigens können auch die Werte, die in der Kultur herrschen, in der du aufgewachsen bist, deine Resilienz stärken. So gelten Personen, die aus einer kollektivistisch geprägten Kultur stammen – in der also die Gemeinschaft wichtiger ist als die Individualität des Einzelnen, etwa in vielen asiatischen Ländern wie China oder Japan – als resilienter im Vergleich zu Personen, die aus einer individualistisch geprägten Kultur stammen. Der Grund dafür soll in dem von den Personen wahrgenommenen Zusammenhalt liegen.

Probleme mit Gleichaltrigen in deiner Kindheit und Jugend, etwa durch Ausgrenzung oder Mobbing, können zu massivem Stress führen und deine Beziehungsfähigkeit und dein Vertrauen in andere sowie deine Affektkontrolle negativ beeinflussen.

Wer aufgrund negativer Erfahrungen versucht, sich nur noch auf sich zu konzentrieren und seine Empathie hinter einem dicken Panzer aus Sarkasmus zu verstecken, sich keine Hilfe holen möchte und bevorzugt, als Einzelkämpfer durchs Leben zu marschieren, der hat es nachher schwerer, wenn es darum geht, Strategien resilienter Menschen umzusetzen, ein soziales Netzwerk aufzubauen, gesunde Beziehungen mit anderen einzugehen, zu pflegen und auch einzuschätzen, warum andere Menschen sich so verhalten, wie sie sich verhalten, und wie ein positiv geprägter Umgang mit ihnen möglich ist.

Rückblick in die eigene Kindheit

Wie geht es dir, wenn du dir die letzten Sätze nochmal auf der Zunge zergehen lässt? Steigen Erinnerungen an deine eigene Kindheit auf?

Nicht immer ist es leicht, sich genau an das zu erinnern, was schon viele Jahre her ist. Es ist auch gar nicht notwendig, alle vergangenen Ereignisse bis ins kleinste Detail wieder hervorzukramen und zu sezieren. Es geht vielmehr darum, sich mit einer kleinen Rückreise in die eigene Vergangenheit darüber klar zu werden, wie sich die eigene Persönlichkeit geformt hat. Mitunter gibt es einige einschneidende Erlebnisse, von denen man noch weiß, wie sie eine Stärke oder Schwäche der eigenen Persönlichkeit begünstigt haben oder wie sie zu einer Veränderung im eigenen Verhalten geführt haben.

Vielleicht helfen dir folgende Fragen:
- Gab es jemanden, der dir dabei geholfen hat, Probleme zu lösen?
- Durftest du eigene Lösungsversuche anwenden?
- Wurdest du bestraft, wenn du Fehler gemacht hast?

- Hast du gelernt, wie du dich selbst beruhigen kannst – ohne Zuhilfenahme von beruhigenden Substanzen wie Alkohol oder anderen Mitteln?
- Wie haben deine Eltern auf Stress reagiert?
- Wie war die Stimmung bei dir zuhause, wenn eine stressige Situation bevorstand?
- Wurde Wert darauf gelegt, dass du gut für dein seelisches Wohlbefinden sorgst?
- Wurdest du für deine Erfolge gelobt?
- Durftest du stolz auf dich und deine Taten sein oder galt dies als ungewollte Überheblichkeit oder Selbstverliebtheit?
- Hattest du die Möglichkeit, verschiedene soziale Kontakte zu knüpfen und Beziehungen zu pflegen?
- Hatte deine Familie gute soziale Kontakte, sodass du an einem guten Beispiel lernen konntest?
- Gab es Gemeinschaftserlebnisse?
- Haben euch Freunde der Familie besucht oder ihr sie?
- Durftest du Dinge selbst ausprobieren, auch auf die Gefahr hin, dass es länger dauern oder schief gehen könnte?

Auch wenn einige Aspekte der eigenen Resilienz genetisch bedingt sind, kann es spannend sein, zu erkunden, welche Erlebnisse dazu geführt haben können, dass sich einige Persönlichkeitsmerkmale stärker entwickelt haben. Dies nimmt vielen Leuten den Druck, etwas falsch gemacht zu haben.

Das, was wir als Kind erlebt haben, können wir nicht mehr beeinflussen und wir sind auch nicht dafür verantwortlich gewesen, wie unser Umfeld mit uns umgegangen ist oder in welche Familie oder Kultur wir hineingeboren wurden. Wenn wir allerdings bemerken, dass wir schwer an Erlebtem tragen oder es uns so nachhaltig beeinflusst, dass es uns in unserem

Alltag einschränkt, kann es hilfreich sein, sich professionelle Unterstützung zu suchen, um diese Teile unserer Geschichte aufzuarbeiten.

Auch das einfache Bewusstmachen, dass manche Aspekte sich vielleicht nicht so gut ausbilden konnten, weil wir keine einfachen Startbedingungen hatten, kann entlastend wirken – vor allem, wenn wir zum Vergleichen neigen und den Fehler bei uns suchen.

Auch wenn wir uns durch dieses Bewusstmachen nicht gleich zu Superwoman entwickeln, können wir dadurch besser einordnen, warum wir uns wie verhalten und welche Aspekte uns das Leben schwerer machen, gezielt an bestimmten Dingen arbeiten und so auch Ansätze für unser ganz eigenes Resilienz-Training finden.

Kapitel 3 - Kann man Resilienz lernen?

Gleich vorweg: Die eigene Persönlichkeitsstruktur wird man nicht grundlegend ändern können.

Wir haben eine bestimmte genetische Ausstattung mitbekommen, die einen Rahmen vorgibt, mit dem, was uns möglich ist. So wird beispielsweise vermutet, dass Menschen, die als hochsensibel gelten, eine niedrigere Resilienz haben – einfach deshalb, weil sie empfänglicher für Reize von außen sind, ihr Erregungsniveau leicht steigt und die Balance so schneller aus dem Takt gerät.

Auch unsere frühkindliche Prägung hat auf uns Auswirkungen, die sich in unserem Verhalten und unserem ganzen Erleben als erwachsener Mensch bemerkbar machen. Wer schon immer ein unsicheres Naturell hatte, wird nicht mit einem Mal zum unerschütterlichen Stehaufmännchen. Das ist aber auch gar nicht der Sinn eines Resilienz-Trainings. Ein Resilienz-Training soll Faktoren, die Resilienz begünstigen, fördern.

Fröhlich-Gildhoff & Rönnau-Böse haben 2009 festgestellt, dass folgende Aspekte die Entwicklung einer gesunden Widerstandsfähigkeit bei Kindern begünstigen:

Selbstwirksamkeitsüberzeugung

Personen mit einer guten Selbstwirksamkeitsüberzeugung können ihre Fähigkeiten und Fertigkeiten realistisch einschätzen und sehen, was sie selbst bewerkstelligen und verändern können. Sie sind stolz auf ihr Wirken und registrieren, dass sie in ihrem Leben Dinge durch ihr aktives Zutun selbst beeinflussen können. Dadurch, dass sie merken, dass sie selbst etwas bewirken können, baut sich ein Vertrauen in ihr eigenes Handeln und Tun auf und sie können aktiv ihr Leben gestalten, statt passiv auf Veränderungen von außen zu hoffen.

Selbststeuerungsfähigkeit

Menschen mit dieser Fähigkeit können ihre Emotionen aus eigener Kraft regulieren, wissen aber auch, wann sie Hilfe von außen benötigen, um ihre Gefühle bewältigen zu können. Sie verfügen über wirksame Methoden zur Selbstberuhigung und können sich selbst wieder in ein seelisches Gleichgewicht setzen. Sie sind ihren Emotionen nicht willenlos ausgeliefert und werden davon auch nicht übermannt.

Positive Selbstwahrnehmung

Menschen mit einer positiven Selbstwahrnehmung pflegen einen liebevollen und wohlwollenden Blick auf sich selbst, ohne dabei den Bezug zu den realen Gegebenheiten zu verlieren. Dadurch können sie sich selbst gut einschätzen, sowohl was ihre Gedanken und Meinungen als auch ihre Gefühle und Kenntnisse sowie Fähigkeiten angeht. Sie neigen weder dazu, sich zu über- noch zu unterschätzen und können sich und ihr Verhalten und ihre Gedanken reflektieren. Dabei hilft es ihnen auch, dass sie sich mit den Augen anderer sehen und andere Perspektiven auf eine Situation einnehmen können.

Grundton dabei bleibt immer eine positive Einstellung gegenüber sich selbst.

Soziale Kompetenzen

Der Mensch ist ein Gemeinschaftstier und selbst wenn du zu den sehr introvertierten Personen gehörst, werden die Kompetenzen im Umgang mit anderen sehr helfen, deine Widerstandsfähigkeit zu fördern. Stärkt man die sozialen Kompetenzen bei Kindern, lernen diese, Empathie auszubilden, und können so Situationen leichter erfassen, weil sie die Perspektive ihres Gegenübers einnehmen können. Auch in der Konfliktlösung und im Umgang mit schwierigen Mitmenschen können diese Kompetenzen hilfreich sein.

Angemessener Umgang mit Stress

Wenn Kinder einen angemessenen Umgang mit Stress erlernen, sind sie in der Lage, stressige Situationen für sich individuell und realistisch einzuschätzen und auch zu erkennen, wann sie diese Stresssituation nicht mehr aus eigener Kraft bewältigen können und sich Hilfe holen sollten. Sie erlernen sinnvolle Bewältigungsstrategien und wissen, welche von diesen wann bei ihnen funktionieren und wie und wen sie um Hilfe bitten können, wenn sie Unterstützung benötigen.

Problemlösungskompetenz

Unabdingbar für Resilienz sind auch die Fähigkeit, Probleme eigenständig anzugehen, der Mut, verschiedene Lösungswege auszuprobieren, und das Vertrauen in die eigenen Fähigkeiten. Auch das realistische Einschätzen der eigenen Fähigkeiten und eine gewisse Frustrationstoleranz sind hier notwendig, damit beim Lösen der Probleme nicht beim ersten Hindernis die Flinte ins Korn geworfen wird. Diese Fähigkeiten und Kompetenzen wirken sich nicht nur positiv auf die Ausbildung einer starken Resilienz von Kindern aus, sondern können auch Erwachsenen dabei helfen, ihre Resilienz zu stärken. Meist wird beim Betrachten von Fähigkeiten und Einstellungen, die die psychische Widerstandsfähigkeit unterstützen können, von begünstigenden Faktoren oder Schutzfaktoren gesprochen. Diese werden üblicherweise im Rahmen von Resilienz-Konzepten vorgestellt.

Resilienz-Konzepte und Schutzfaktoren

Das erste wissenschaftlich entwickelte Resilienz-Modell geht auf den Medizinsoziologen Aaron Antonovsky zurück, der es in den 1970ern dazu nutzte, Überlebende aus Konzentrationslagern zu untersuchen und zu klären, warum einige der Betroffenen diese schreckliche Zeit nahezu unbeschadet überstanden und weiterhin psychisch gesund waren. Er machte die Entdeckung, dass einige Personen ohne Folgeschäden aus diesen Erlebnissen hervorgingen, an dem sogenannten Kohärenzgefühl fest, für das drei Aspekte notwendig waren:

1. **Das Verstehen der Ereignisse**, sodass das Bilden von Zusammenhängen und ein Einordnen möglich sind.
2. **Das Bewältigen dieser Erlebnisse**: Die Person muss entsprechende Fertigkeiten und Kenntnisse haben und sich diese Aufgabe zutrauen.
3. Die Person muss einen Sinn hinter diesen traumatischen Erlebnissen sehen und ihrem **Leben einen weiteren Sinn geben können**.

Sind diese Aspekte gegeben, kann die betroffene Person trotz widriger Umstände eine Form von echter Zufriedenheit mit sich und ihrer Umgebung erleben und Schicksalsschläge aushalten. Somit würden wir heute von einem Resilienz-Modell sprechen.

Ein weiteres Modell ist das der Kompensation, bei dem Betroffene durch das Ermitteln und Nutzen von Schutzfaktoren Widrigkeiten aushalten und gut überstehen können: Wer beispielsweise in einem lieblosen Elternhaus aufwächst, aber eine liebevolle Bezugsperson außerhalb der Familie hat, kann das Leid dadurch gewissermaßen ausgleichen.

Bei dem Modell der Interaktion wird davon ausgegangen, dass sich schützende Faktoren nur durch Schicksalsschläge oder Krisen zeigen. Wenn du z. B. durch eine Scheidung in eine Krise kommst, können Mitmenschen an deine Seite treten und dich unterstützen, was sie in dieser Form ohne die Trennung nicht getan hätten.

Das Resilienz-Modell der Kumulation geht davon aus, dass viele verschiedene Belastungen die Auswirkungen der einzelnen verstärken, dies durch genügend entsprechende Gegenmaßnahmen aber ausgeglichen werden kann.

Das Modell der Herausforderung sieht vor, dass Schicksalsschläge als Herausforderungen angenommen werden und Betroffene Bewältigungsstrategien entwickeln.

Bei diesen Modellen steht vor allem das Wechselspiel zwischen Risikofaktoren, also den Schicksalsschlägen, und Schutzfaktoren, also unterstützenden Gegenmaßnahmen oder sozialer Unterstützung, im Fokus.

Risikofaktoren für deine mentale Gesundheit wären beispielsweise bei einem Umzug in eine neue Stadt (weil du einen schwierigen Job in einem dir nicht bekannten Team annehmen musst), das Verlassen des gewohnten sozialen Umfeldes, die unbekannte Herausforderung und der Stress durch den Job sowie die Einsamkeit vor Ort. Schutzfaktoren könnten die Unterstützung durch einen beruflichen Mentor vor Ort sein, die alte Bekannte, die dich in ihren Freundeskreis einführt, damit du Anschluss findest oder die flachen Hierarchien in deinem Job, die es dir ermöglichen, schnell mit allen in Kontakt zu kommen.

Risikofaktoren können extern oder intern lauern und belasten uns. Neben Stress oder Einsamkeit können aber auch Bewegungsmangel oder eine schlechte Ernährung ihren Teil dazu beitragen. So schließt das Resilienz-Modell aus Wien neben „Mind" und „Move" auch „Food" mit ein und versucht, diese drei Eckpfeiler in einen harmonischen Zusammenhang zu bringen, um Menschen das Bewältigen von Krisen zu erleichtern.

Vor allem die Schutzfaktoren nehmen in der Resilienzforschung eine prominente Rolle ein.

Die sieben Säulen der Resilienz

Eines der bekanntesten Resilienzfaktoren-Konzepte ist das der sieben Säulen. Diese sieben Säulen der Resilienz umfassen

1. **Optimismus**: Durch die bewusste Einnahme einer positiven Perspektive werden eigene Ressourcen gekonnt eingesetzt und das Schlechte wird nur als temporär erlebt.
2. **Akzeptanz**: Einsicht und Akzeptanz, dass ein Problem besteht, erlaubt, in Betracht zu ziehen, wie und ob das Problem angegangen und gelöst werden kann.
3. **Lösungsorientierung**: Statt sich über die Probleme zu beklagen, wird aktiv über Lösungsmöglichkeiten nachgedacht und diese werden mit den eigenen Einstellungen und Zielen abgeglichen und angepasst.
4. **Die Opferrolle verlassen**: Auch wenn das Leid von außen herangetragen wurde, gilt es, Selbstwirksamkeit zu spüren und ins aktive Handeln zu kommen, statt darauf zu warten, gerettet zu werden oder als passives

Opfer, das ohnehin nichts ändern kann, zu verharren.
5. **Verantwortung übernehmen**: Wer die Opferrolle verlässt, muss bereit sein, Verantwortung für das eigene Leben und das eigene Wohlbefinden zu übernehmen und sich nicht zum Spielball der Umstände zu machen.
6. **Netzwerkorientierung**: Ein stabiles soziales Umfeld mit hilfreichen und bereichernden Kontakten unterstützt bei Krisen enorm, muss aber gepflegt werden.
7. **Zukunftsplanung**: Eine realistische Zukunftsplanung bringt den Menschen ins Handeln und erlaubt ihm, die Selbstwirksamkeit in seinem Leben zu spüren.

Diese sieben Säulen werden in leicht veränderter Form auch in der Kauai-Studie von Emy Werner aufgegriffen, die die drei Grundhaltungen Optimismus, Akzeptanz und Lösungsorientierung sowie die vier Fähigkeiten Selbstregulation, Verantwortungsübernahme, Beziehungsgestaltung und Zukunftsgestaltung als wichtigste Schutzfaktoren benennt.

Dr. Denis Mourlane stellt unter Bezug auf die Arbeit von Dr. Andrew Shatté und Dr. Karen Reivich folgende sieben Resilienzfaktoren als die „echten Resilienzfaktoren" vor:

- Optimismus
- Emotionssteuerung
- Impulskontrolle
- Empathie
- Kausalanalyse
- Selbstwirksamkeitsüberzeugung
- Zielorientierung

Andere Ansätze gehen von noch mehr Schutzfaktoren aus. Etwa der Ansatz der BZgA (Bundeszentrale für gesundheitliche Aufklärung), die in dem Artikel „Resilienz und psychologische Schutzfaktoren im Erwachsenenalter" elf Schutzfaktoren benennt. Oder der Ansatz der APA (American Psychological Association), welche in ihrer Broschüre „Road to Resilience" 10 Wege zur Resilienz vorstellt und mehrere Faktoren benennt, die für das Ausbilden einer starken Resilienz hilfreich sein können:

- Das Pflegen liebevoller und unterstützender Freundschaften innerhalb und außerhalb der Familie
- Positive Rollenmodelle, die motivieren und unterstützen
- Positiver Blick auf die eigenen Fähigkeiten und Stärken
- Realistische Pläne entwickeln und ausführen können
- Impulskontrolle und Emotionsregulation
- Kommunikationskompetenzen
- Problemlösungsfähigkeiten

Du siehst also, dass die verschiedenen Modelle unterschiedliche Faktoren oder Eigenschaften nennen und mitunter auch anders gewichten.

Resilienz – eine dynamische Stärke

Während Antonovsky noch glaubte, dass die nötigen Faktoren für eine stabile Psyche sich in den ersten zwei Jahrzehnten des Lebens ausbilden, geht man heute davon aus, dass das Ausbilden der Resilienz von Person zu Person bis zu einem gewissen Grad abweichen kann und somit eine sehr individuelle Sache ist.

Während ein eher extrovertierter Typ Mensch vermutlich sehr von einem breiten sozialen Netzwerk profitiert, mag für einen introvertierten Menschen eher die erlebte Selbstwirksamkeit wichtig und sinnstiftend sein. Ferner sollte man sich vor Augen führen, dass Resilienz kein statisches Merkmal einer Person ist. Du bist nicht einfach resilient und bleibst es dein gesamtes Leben genau auf diesem Niveau, komplett losgelöst von dem, was du erlebst und wie du dich verhältst. Du kannst dir Resilienz eher als dynamischen Prozess vorstellen. Generell geht es darum, wie du dich gegenüber Stress und seinen Auswirkungen verhältst und damit umgehst. Es geht um ein Anpassen an belastende Zustände und einen sinnvollen Umgang damit.

Manche Lebenssituation wird es dir leichter machen, dich auf positive Weise durch eine schwere Zeit hindurch zu manövrieren – etwa, wenn du finanziell gut abgesichert bist, du gerade frisch verliebt bist oder du die heiß ersehnte Beförderung bekommen hast –, während ein solch aktiver Anpassungsprozess zu anderen Zeiten in deinem Leben wesentlich schwieriger ist – etwa, wenn gerade die jahrzehntelange Freundschaft zu deiner besten Freundin in die Brüche gegangen ist oder deine Stelle wegrationalisiert wurde. In solchen Situationen bist du vermutlich deutlich weniger in der Lage, dich vor zusätzlichen Stressbelastungen zu schützen.

Aber ganz gleich, wo du gerade in deinem Leben stehst, kannst du lernen, besser mit Stressoren umzugehen und die Aspekte, die für dich und deine Resilienz wichtig sind, bis zu einem gewissen Grad zu trainieren und auszubauen. Du kannst neue Fertigkeiten entwickeln, dir neue Denkmuster und Gewohnheiten angewöhnen, die deiner mentalen und körperlichen Gesundheit und damit auch deiner Resilienz zuträglich sind. Du kannst deine Kompetenzen entwickeln oder deiner Stärken bewusst werden, die du bisher möglicherweise übersehen hast.

Dadurch wirst du selbstsicherer im Umgang mit Krisen und Herausforderungen, erlebst Selbstwirksamkeit und wirst dadurch unabhängiger. Selbstwirksamkeit, Unabhängigkeit und ein gesteigertes Selbstwertgefühl können sich wiederum positiv auf soziale Beziehungen und die Interaktion mit deinem Umfeld auswirken.

Wichtig bei der Annäherung an das Thema Resilienz ist zu erkennen, dass es kein richtig oder falsch gibt. Es gibt nicht das eine Resilienz-Konzept und manche Faktoren mögen für dich weniger ausschlaggebend sein als andere. Diese Konzepte beruhen auf Theorien und sollen dabei helfen, die Wirklichkeit abzubilden und dir den Weg zu einem erstrebenswerten Zustand zu erleichtern. Aber sie sind eben allgemein gehalten und du allein bist die Expertin für dich und deine Bedürfnisse.

Du kannst dich also darüber informieren, auf welche Faktoren eine umfassende und rasche Erholung der Psyche nach einem schrecklichen Erlebnis zurückzuführen ist, und auch, welche Faktoren bei der sinnvollen Anpassung helfen können – aber deine Resilienz ist ein dynamischer und vor allem aktiver Prozess, den nur du selbst steuern kannst und für den du die passenden Strategien entwickeln wirst.

Dein Umgang mit dem Thema ist ein sehr persönlicher, der keinem Muster folgen muss, und du solltest bitte keinesfalls versuchen, blind irgendeinem Modell zu folgen, wenn dieses nicht wirklich zu dir und deiner Person passt. Sei behutsam im Umgang mit dir selbst, erlaube dir Versuche und Fehlversuche. Behalte eine interessierte und neugierige Einstellung zu dem Thema und gib dir Zeit für deine angestrebte Veränderung. Wenn du bestimmte Einstellungen oder Handlungsmuster über Jahre oder gar Jahrzehnte gelebt hast, wirst du diese nicht in ein paar Tagen ablegen. Sei gut zu dir und zelebriere all das, was gut klappt, und übe beharrlich das, was noch ausbaufähig ist – immer mit einem liebevollen und fürsorglichen Blick auf dich und deine Bedürfnisse.

Wenn du magst, halte einen Moment inne und lasse die letzten Sätze auf dich wirken.

- Was macht es mit dir, wenn du hörst, dass Resilienz bis zu einem gewissen Grad erlernbar ist?
- Sorgt diese Information für neuen Optimismus?
- Weckt sie Unsicherheit und Widerstände?

- Falls ja, woran machst du diese Widerstände fest? Hast du Angst vor Veränderungen oder scheust du dich, die Verantwortung zu übernehmen?
- Gab es Zeiten in deinem Leben, als du dich resilienter wahrgenommen hast?
- Falls ja, was war da anders? Wie sahen deine Lebensumstände aus?
- Welche der Resilienzfaktoren haben dich besonders angesprochen?
- Bei welchen ist dir sofort in den Sinn gekommen, dass diese bei dir ausbaufähig sind?
- Hast du Lust darauf zu entdecken, welche Stärken in dir schlummern?

Was Resilienz nicht ist

Wie schon mehrfach angemerkt, geht es bei Resilienz nicht darum, dass du dir einen Panzer anlegst, der dich von der Welt abschneidet und emotionslos alles ungefragt ertragen lässt.

Auch die als sieben Säulen der Resilienz bezeichneten Schutzfaktoren sollten nicht missverstanden werden. Die gängigsten Missverständnisse und Fehlannahmen findest du im Folgenden aufgeführt und erklärt.

Optimismus

Gemeint ist eine bewusst eingenommene positive Perspektive, kein blinder Optimismus, bei dem die Augen vor der Wirklichkeit verschlossen werden. Wenn ich die ganze Zeit davon ausgehe, dass schon alles gut gehen wird, und blind darauf vertraue, dass das Glück mir hold ist, dann brauche ich nicht pro-aktiv zu handeln und kann in einer lähmenden Passivität verbleiben. Bei dem Optimismus als Schutzfaktor geht es um eine generelle positive Einstellung, ohne die Realität aus den Augen zu verlieren oder die Eigenverantwortung für das eigene Wohl aufzugeben.

Akzeptanz

Einsicht zeigen und Situationen annehmen, Geschehenes in der Vergangenheit lassen oder bewusst die vermeintliche Kontrolle abgeben, bei Dingen, die wir nicht beeinflussen können, zeichnet den Schutzfaktor Akzeptanz aus. Damit ist aber nicht gemeint, dass wir Dinge oder Aussagen nicht mehr hinterfragen oder gedanklich durchspielen. Sie bedeutet auch nicht, dass wir einfach alles hinnehmen und uns nicht mehr für die Dinge einsetzen, die uns wichtig sind. Es geht vielmehr darum anzuerkennen, wenn etwas nicht in unserem Handlungsspielraum liegt, und die Kraft dann auf Dinge zu lenken, die wir tatsächlich beeinflussen können.

Lösungsorientierung

Bei der Stärkung der Lösungsorientierung geht es darum, sich auf Lösungen und Chancen statt auf die Probleme und möglichen Fehler oder Hindernisse zu konzentrieren. Vor allem in der Interaktion mit anderen Menschen sollte aber bei aller Lösungsorientierung nicht das Miteinander aus den Augen verloren werden. Neben dem pragmatischen Lösen von Problemen müssen auch die Gefühle eine Plattform haben. Auch wenn manche Lösung rein rational die beste wäre, darfst du ambivalente Gefühle haben und diese auch fühlen. Es geht nicht darum, nur noch total sachlich ein Hindernis nach dem anderen aus dem Weg zu räumen, sondern aktiv an der Verbesserung der Situation zu arbeiten, auch im Hinblick darauf, die Gefühle von sich oder anderen als Priorität nach vorne zu stellen.

Die Opferrolle verlassen

Wenn du die Opferrolle verlässt, bedeutet das nicht, dass du das Unrecht, was dir widerfahren ist, negieren solltest und es bedeutet auch nicht, dass du diejenigen, die dir schaden oder geschadet haben, nicht zur Verantwortung ziehen solltest. Es geht vielmehr darum, dich aus der passiven Position zu befreien, damit du ins Handeln kommen kannst. Ist dir Unrecht widerfahren, darfst du trauern, du darfst Schmerz und Wut fühlen und du darfst auch Schwäche zeigen – all das erfordert eine enorme Stärke, die in dir ist!

Verantwortung übernehmen

Wenn du Verantwortung übernimmst, dann denke bitte nicht, dass du plötzlich für alles und jeden verantwortlich bist. Du kannst dein Handeln und Denken bis zu einem gewissen Grad kontrollieren, aber du musst weder die Last der Welt auf deinen Schultern tragen, noch jeden Schritt von dir überprüfen und dich für jeden kleinen Fehler sofort massiv tadeln und zur Rechenschaft ziehen. Du darfst dir Fehltritte erlauben, übernimmst dafür die Verantwortung und machst dann weiter.

Netzwerkorientierung

Ein stabiles soziales Umfeld muss gepflegt werden. Es bedeutet aber nicht, dass du, nur weil dir ein Kontakt nützlich sein könnte, eine Beziehung zu einem Menschen pflegen solltest, der dir unsympathisch ist oder dessen Wertevorstellung du nicht teilst. Bist du sehr introvertiert, wird ein großer Freundes- und Bekanntenkreis möglicherweise auch eher an deinen Kräften zehren als dir Kraft spenden. Sei offen gegenüber anderen, aber verbiege dich nicht, um ein großes Netzwerk aufzubauen. Auch hier steht die Qualität der Kontakte vor der Quantität der Kontakte.

Zukunftsplanung

Eine realistische Zukunftsplanung hilft dir, aktiv zu werden und dich deinen Zielen zu nähern. Sie sollte aber keinesfalls einengen und dich in ein Korsett pressen, dass dich dabei hindert, das Leben in vollen Zügen zu genießen. Du hast drei Jahre eine Ausbildung gemacht, fühlst dich aber in dem Job gar nicht wohl? Dann justiere deine Pläne. Passe sie an dein Leben und dich an. Du entwickelst dich ständig weiter und somit sollten auch deine Zukunftsplanung und die Umsetzung der Pläne eine gewisse Flexibilität erlauben. Mache auch nicht den Fehler, nur in der Zukunft zu leben und beständig auf Sachen hinzuarbeiten, sondern erlaube dir auch das Leben und Genießen im Moment. Es ist klasse, wenn du ambitionierte Ziele verfolgst und hart dafür arbeitest, aber das Leben im Hier und Jetzt solltest du dabei keinesfalls aus den Augen verlieren!

Kapitel 4 - Resilienz-Training – Chancen und Gefahren

Jetzt, da du weißt, was unter Resilienz verstanden wird und dass diese prinzipiell bis zu einem gewissen Grad erlernbar ist beziehungsweise dass sich die einzelnen Schutzfaktoren stärken lassen, kommt sicherlich auch die Frage nach dem wie auf! Im folgenden Kapitel erfährst du, worauf sich ein Resilienz-Training konzentrieren kann, welche Chancen und Gefahren ein solches Training birgt und wie du selbst aktiv werden und dir ein Training entsprechend deiner ganz persönlichen Bedürfnisse und Ansprüche zusammenstellen kannst.

Wie sieht ein Resilienz-Training aus?

Genau wie es verschiedene Resilienz-Konzepte gibt, gibt es auch verschiedene Ansätze, Resilienz zu fördern oder zu trainieren. In der Regel zielen die meisten Trainings aber darauf ab, die als Schutzfaktoren erkannten Einstellungen und Fähigkeiten zu üben oder zu stärken.

Die APA, die American Psychology Association, verwendet als Bild eine Bootsfahrt auf dem Fluss, um den Prozess der Resilienz-Ausbildung zu beschreiben: Während der Flussfahrt werden dir Strömungen, Wildwasser, unerwartete Kurven und auch träge dahinfließende Abschnitte sowie leicht zu bewältigende Wasserstellen begegnen. Um den Fluss also bestmöglich entlangzufahren, ist es hilfreich, ein paar Kenntnisse über diesen zu haben, auf bereits erlebte Situationen zurückzugreifen, diese auszuwerten und das gewonnene Wissen einzusetzen. Die Reise auf dem Fluss sollte einem Plan folgen, einer Strategie, die für dich persönlich funktioniert und wahrscheinlich auch dieser Reise zuträglich sein wird. Durchhaltevermögen und der Glaube an deine Fähigkeiten, auch Hindernisse zu überwinden und dich durch schwierige Abschnitte hindurch manövrieren zu können, sind wichtig. Du kannst Courage und hilfreiche Einsichten gewinnen, während du dich Stück für Stück erfolgreich durch das Wasser bewegst. Hilfreich können dabei vertrauensvolle Menschen sein, die dich auf deinem Weg begleiten, insbesondere bei Stromschnellen, wenn du gegen den Strom anarbeiten musst oder andere Schwierigkeiten auf der Strecke auftauchen. Du kannst natürlich auch mal anlegen und am Ufer eine Verschnaufpause einlegen, um neue Kräfte zu sammeln. Aber um das Ende deiner Reise zu erreichen, musst du wieder in dein Boot steigen und dem Flussverlauf weiter folgen.

Je nachdem, welches Konzept dich am meisten anspricht, kannst du versuchen, die darin vorgestellten Schutzfaktoren zu trainieren und auszubauen. Es gibt mittlerweile zahlreiche Videos rund um das Thema und auch Hörbücher und Literatur mit weiterführenden Tipps, aber auch die Möglichkeit, in sogenannten Resilienz-Seminaren oder Workshops an der seelischen Widerstandsfähigkeit zu arbeiten.

Lässt sich Resilienz allein trainieren?

Zuallererst ganz kurz und prägnant: Ja, Resilienz lässt sich bis zu einem gewissen Grad allein trainieren, beziehungsweise vielmehr die Einstellungen und Fertigkeiten, die dir als Schutzfaktoren mittlerweile bekannt sind. Wie bereits erwähnt gibt es verschiedenste Medien, Kurse und Coachings, die sich mit dem Thema Resilienz-Training beschäftigen und auch spezifisch zugeschnittene Trainings für bestimmte Lebensbereiche anbieten, etwa Resilienz am Arbeitsplatz, Resilienz bei einer schweren Krankheit, Resilienz bei einer Trennung oder Resilienz als Elternteil. Diese Angebote richten sich an dich als Einzelperson, können aber natürlich auch gemeinsam mit einer guten Freundin oder in einer Selbsthilfe-Gruppe ausprobiert werden.

Viele Personen profitieren davon, sich ganz bewusst allein auf das Abenteuer Resilienz einzulassen, um nicht in die Verlegenheit zu geraten, sich mit anderen zu vergleichen, und ganz bei sich bleiben zu können.

Einstellungen kannst und wirst du in deinem Leben immer wieder erwerben; meist eher unbewusst. Es ist aber auch durchaus möglich, sich aktiv mit einem Thema auseinanderzusetzen und dann eine bestimmte Einstellung einzunehmen. Auch Fertigkeiten lassen sich üben und schulen. Da du bereits erfahren hast, dass es sich bei den erwähnten Schutzfaktoren meist um Einstellungen und Fertigkeiten handelt, sind diese natürlich auch erlernbar.

Selbstverständlich solltest du bei dem Projekt „Resilienz stärken" immer überlegen, welche psychosozialen Stressfaktoren in deinem Leben gerade herrschen und wie und wann du ein Resilienz-Training am besten einbauen kannst. Wer gerade ohnehin auf dem Zahnfleisch geht und sich zwischen Kinderbetreuung, Job und Scheidungskrieg aufreibt, wird kaum die Zeit und Nerven haben, ein großangelegtes Projekt durchzuführen. In so einer Situation ist dir eher mit kleineren Veränderungen geholfen, die du Stück für Stück in deinen Alltag integrieren kannst.

Hast du mehr mentale Kapazitäten zur Verfügung, kannst du das Ganze auch etwas größer aufziehen und mehr Zeit in die Stärkung deiner Schutzfaktoren stecken. Wichtig ist, dass du aktiv wirst. Allein das Lesen eines Buches über Resilienz oder das Anhören eines Podcasts wird in den meisten Fällen nicht zu der gewünschten Veränderung führen.

Du kannst dir das ähnlich vorstellen, wie wenn du einen bestimmten Tanz lernst, etwa Bauchtanz. Dadurch, dass du dir Videos und Fotos anschaust, vielleicht auch darüber liest, wie welche Bewegung ausgeführt wird, und du Hintergrundwissen erlangst, wird dein Blick geschult und dein Gehirn kann sich schon ein wenig auf die Bewegung einstellen. Mitunter gibt es auch Leute, die allein durch das Anschauen Bewegungsabläufe so verinnerlicht haben, dass sie direkt loslegen können. Falls du nicht dazu gehören solltest – keine Sorge! Da befindest du dich in bester Gesellschaft. Ein Großteil von uns muss die Bewegungen erst selbst ausführen. So bekommen wir ein Gespür für die Abläufe, können die Bewegungen koordinieren und immer sauberer ausführen. Was zu Beginn unseres Tanztrainings noch sehr abgehackt und ungewohnt aussieht, wird mit der Zeit immer geschmeidiger und fließender. Wir wissen, welches Körperteil wir wann wie bewegen müssen, und es scheint fast automatisch abzulaufen – ganz natürlich, ohne dass wir uns erst überlegen müssen, dass wir den linken Arm jetzt dahin halten müssen und die Fußstellung dabei aber so aussehen muss.

Ähnlich ist es auch beim Resilienz-Training. Wir müssen aktiv werden, die Dinge immer und immer wieder praktizieren, bis sie zu unseren Gewohnheiten werden, bis wir die Einstellungen, die wir gerne leben wollen, wie von selbst denken. Lesen wir hin und wieder darüber, machen dann aber weiter wie bisher, hat unser Körper und Geist keine Chance, sich auf die neuen Muster einzustellen. Die Datenautobahn im Gehirn wird nicht benutzt, sondern immer wieder der altbekannte Weg eingeschlagen. So fällst du nicht nur immer wieder in alte Muster, was dein Verhalten und Denken angeht – du wirst auch immer im Anfängerstadium bleiben.

Das ist anstrengend, weil du dir immer wieder neu bewusst machen musst, was du jetzt anders machen möchtest. Wenn du jede Woche zur Tanzstunde gehst, daheim aber nicht übst, wirst du wesentlich langsamer Fortschritte machen und frustrierende Momente erleben, in denen du das Gefühl hast, du würdest jede Woche wieder von neuem beginnen. Daher ist es so wichtig, in die Aktion zu gehen und dabei auch eine unerschütterliche Hartnäckigkeit an den Tag zu legen. Verwende die gleiche Energie darauf, deine Resilienz aufzubauen, die du vorher dazu genutzt hast, über dein Schicksal zu klagen oder dich herunterzuputzen. Wann immer du solche Gedanken oder Verhaltensweisen bemerkst, lenke die Energie auf dein neues Ziel: die eigenen Schutzfaktoren zu stärken!

So kannst du deine Resilienz auch allein im Rahmen deiner Möglichkeiten verbessern.

Chancen durch dein Resilienz-Training

Die Chancen, die sich durch ein erfolgreiches Resilienz-Training ergeben, liegen klar auf der Hand: Du wirst dadurch widerstandsfähiger und erlebst, dass du durch eigenes Zutun deine generelle Verfassung verbessern kannst. Je nachdem, welche Schutzfaktoren du nachhaltig stärken und ausbauen kannst, wird ein auf dich abgestimmtes Resilienz-Training deinen Umgang mit Menschen verbessern und erleichtern, deine Problemlösekompetenzen schulen und dein Gestalten und Erreichen von Zielen verändern.

Die Aspekte des Trainings wirken sich nicht nur in psychischen oder physischen Krisensituationen aus, in denen du dann klarer und effektiver handeln und dich vor negativen Stressauswirkungen abschirmen kannst, sondern auch bei alltäglichen Herausforderungen im Job, in der Beziehung oder in der Familie. Bildest du deine Schutzfaktoren aus, kann sich deine gesamte Lebensgestaltung verbessern: Du bist in der

Lage, Stressoren als solche zu erkennen, besser mit ihnen umzugehen und dir bei Bedarf Hilfe zu holen. Du weißt um deine Selbstwirksamkeit, die dich aktiv handeln lässt und dir Selbstständigkeit und Unabhängigkeit beschert. Dadurch kannst du aber auch viel freier mit anderen Menschen umgehen, vorhandene Kontakte stärken, neue Kontakte anstreben und dein Sozialleben deutlich verbessern.

Durch das bewusste Einnehmen einer positiven, optimistischen Weltsicht kannst du dein Augenmerk auf deine vorhandenen Ressourcen legen, diese ausbauen und die Möglichkeiten, die sich dir bieten, nutzen.

Dadurch, dass du um deine Grenzen weißt, dir realistische Ziele setzt und Krisen durch lösungsorientiertes Handeln angehst und überstehst, kannst du dich auf natürliche Weise weiter entwickeln, ohne dich zu überfordern. Du schaffst dir so auch Spielräume für deine persönlichen Interessen und du erlebst, dass du dein Leben aktiv gestalten kannst.

Training, aber kein Fortschritt – was ist da los?

Was bedeutet es, wenn du fleißig trainierst, aber nicht die gewünschten Fortschritte machen kannst? Wenn du immer wieder in alte Verhaltensmuster zurückrutschst? Die gleichen Probleme dir immer und immer wieder Schwierigkeiten bereiten? Du dich zwar bemühst, aber es scheinbar überhaupt keine Verbesserung deiner Gesamtsituation gibt und du den Eindruck bekommst, du würdest dich für nichts und wieder nichts abstrampeln?

Die Gründe, warum eine Person trotz Resilienz-Training nicht die angedachten Fortschritte macht, können vielfältig sein: Vielleicht war der Anspruch an das, was du in einem bestimmten Zeitraum ändern kannst, zu hoch. Nicht immer hast du die nötigen Kapazitäten in deinem Leben, um ein solches

Training gewissenhaft anzugehen. Wie du weißt, ist es ein wichtiger Bestandteil des Trainings, dass du am Ball bleibst und dich immer wieder in deinen angestrebten Schutzfaktoren übst. Bist du aber grade viel zu sehr beruflich eingespannt oder durch familiäre Schwierigkeiten belastet, kann es sein, dass du nicht die Nerven oder die Kraft hast oder die nötige Disziplin aufbringen kannst, dich zusätzlichen Herausforderungen zu stellen. Musst du dich von einem Beinbruch erholen, startest du ja auch nicht direkt mit einem Marathontraining, sondern lässt erst den Heilungsprozess zu und beginnst dann mit Physiotherapie und einem gezielten und sehr vorsichtigen Aufbau.

Der eigene Anspruch kann einem hier rasch zum Verhängnis werden und auch der Anspruch, der möglicherweise von außen an einen herangetragen wird: „Du machst doch jetzt dieses Resilienz-Training. Wieso bist du denn noch immer so leicht aus der Fassung zu bringen?"

Das Anerkennen der persönlichen Grenzen ist wichtig, um Überforderung zu vermeiden – ganz gleich, ob die Grenzen bei dir durch einen vollen Zeitplan, emotionalen Ballast oder andere Verpflichtungen aktuell eng gesteckt sind. In solchen Fällen ist es ratsam, sich nur auf kleine Dinge zu konzentrieren, die man leicht in die tägliche Routine einbauen kann oder an äußeren Stellschrauben zu drehen, die nicht so viel emotionale Arbeit erfordern: Du könntest eine Portion mehr Gemüse essen, eine Stunde eher schlafen gehen oder versuchen, bei jedem Telefonat ein paar Schritte zu gehen und so mehr Bewegung einzubauen.

Der Fokus sollte auf kleinen und leicht zu bewältigenden Dingen liegen, die dir Erfolgserlebnisse verschaffen. Nur so kannst du die so wichtige Selbstwirksamkeit spüren und auch ein Gefühl der Authentizität erleben. Wenn du deine Ziele hingegen zu hoch steckst und dann immer wieder daran scheiterst, ist das nicht nur anstrengend und ermüdend – es beraubt dich auch des Erlebnisses, dass du selbst mit deinen

Fähigkeiten und Taten deine seelische und körperliche Gesundheit stärken kannst.

Überlege dir einmal die Antworten auf folgende Fragen. Vielleicht möchtest du dich auch mit jemand anderem darüber austauschen oder die Fragen ein paar Tage in dir arbeiten lassen. Lass dir Zeit beim Beantworten und schaue, was wirklich in dir schlummert, was für dich beim Resilienz-Training wichtig ist und welche Möglichkeiten sich durch ein geeignetes Training ergeben könnten.

- Welche Chancen siehst du in einem Resilienz-Training?
- In welchen Bereichen würdest du gerne etwas verändern?
- Würdest du lieber allein daran arbeiten oder mit einer Fachkraft zusammen?
- Welche Vorteile hätte die Zusammenarbeit mit einer Fachkraft?
- Welche Vorteile hätte es, allein daran zu arbeiten?
- Was würdest du tun, wenn du eine stabile Resilienz hättest?
- Was wäre anders in deinem Leben?
- Wie wärst du?
- Mit wem und was würdest du deine Zeit verbringen?
- Hast du aktuell Zeit und mentale Kapazitäten für ein Training?

Versuche, dir vor allem die Antworten auf die letzten Fragen so bildhaft wie möglich vorzustellen. Wenn du magst, kannst du auch etwas dazu zeichnen oder Bilder zu einer Collage, einem Mood- oder Visionboard zusammenstellen. Dadurch erhältst du eine klarere Vorstellung von deinem Ziel.

Oftmals fällt es uns nämlich bedeutend leichter, das zu benennen, was wir nicht mehr möchten oder was uns stört, sodass darauf dann auch der Fokus liegt. Hilfreicher ist es allerdings, wenn wir wissen, was wir möchten, sodass wir dann die entsprechenden Schritte in die richtige Richtung unternehmen können.

Ein weiterer Grund dafür, dass es dir zunächst so vorkommt, als würdest du keine Fortschritte machen, kann auch einfach darin bestehen, dass dir bestimmte Handlungs- und Gedankenmuster erst jetzt in voller Form bewusst werden und dadurch omnipräsent scheinen. Vielleicht erlebst du auch viel Gegenwind vonseiten deines Umfeldes? Aber schau mal, ob gerade dies nicht darauf hinweist, dass sich etwas verändert: Vielleicht fallen dir jetzt Dinge auf, die du früher hingenommen hast, obwohl sie dir geschadet haben. Vielleicht machst du dich jetzt auf andere Weise für dich und deine Bedürfnisse stark. Vielleicht stellst du dich das erste Mal selbst der Verantwortung für deine Zufriedenheit. All das ist zunächst sehr anstrengend – aber mit etwas Übung wird es dir von Tag zu Tag leichter fallen!

Alleskönner Resilienz-Training?

Ein Resilienz-Training, wenn es durchdacht durchgeführt wird, kann somit Kräfte freisetzen, dir bei einer Neuorientierung helfen und deine mentale und körperliche Gesundheit verbessern.

Die Auswirkungen eines entsprechenden Trainings können aber je nach Typ, Ansatz und Umständen variieren. Wie du weißt, ist Resilienz kein festes Merkmal, sondern eine dynamische Eigenschaft, die sich aus diversen Aspekten zusammensetzt und sich im Laufe des Lebens verändern kann.

Die verschiedenen Resilienz-Konzepte berücksichtigen in der Regel, dass jeder Mensch mit einem einzigartigen Setting in das Training geht und keinesfalls immer die gleichen Resultate oder Entwicklungen zu erwarten sind.

Mitunter wird aber in den Medien oder in der öffentlichen Meinung der Eindruck vermittelt, Resilienz wäre eine Art Alleskönner, ein Allheilmittel. Dieser Anspruch kann sich auf mehrere Arten negativ auf dich auswirken. Zum einen kann es dazu führen, dass deine Bemühungen von deinem Umfeld nicht ernst genommen werden. Wenn du dein Training vornimmst und immer noch nicht belastbar genug in den Augen anderer geworden bist, hat das aber nichts mit dir und deiner Arbeit zu tun, sondern mit ihren unrealistischen Erwartungen an das Resilienz-Training. Dies zeigt sich gerade bei Leuten, die dich in Situationen halten möchten, die ungerecht oder anderweitig schädlich für dich sind. Aber ein Resilienz-Training soll dich nicht stark dafür machen, dass du tägliche Ungerechtigkeiten, die eigentlich vermeidbar wären, aushalten und ertragen kannst. Das hat nichts mit Resilienz zu tun und du solltest dir auch nicht einreden lassen, dass du nur an deiner Resilienz arbeiten müsstest, damit dir das nichts mehr ausmacht und es dich nicht mehr belastet.

Zum anderen kann ein Alleskönner-Anspruch dazu führen, dass du von dir selbst etwas erwartest, zu dem du vielleicht gar nicht in der Lage sein kannst. Mit dem richtigen Resilienz-Training jede Situation entspannt durchzustehen klingt zwar traumhaft – aber es bleibt eben auch nur ein Traum. Eine solche Fehleinschätzung der Trainingsmöglichkeiten kann dazu führen, dass du dich an der falschen Stelle abarbeitest – nämlich an dem vermeintlich alles regelnden Trainings – und nicht die Hilfe suchst, die du vielleicht aktuell in einer schweren Phase besser gebrauchen könntest. Das hat nicht zwingend etwas mit Selbstüberschätzung zu tun, sondern ist oft auch bedingt durch den Wunsch, anderen nicht zur Last zu fallen, unabhängig und besonders unkompliziert zu sein, oder auch den Versuch, sich keine Blöße zu geben oder Schwäche zu zeigen. Die Angst, das Gesicht zu verlieren, bei der Arbeit den Respekt der Kolleginnen oder Vorgesetzten einzubüßen oder für allgemein lebensuntüchtig gehalten zu werden, kann dazu beitragen, dass du dich auf die Idee des allmächtigen Resilienz-Trainings versteifst. Auch das Akzeptieren einer chronischen Krankheit kann dadurch mitunter aufgeschoben werden: „Wenn ich nur hart genug an meiner Resilienz arbeite, werde ich wieder x und y können. Ich muss meine Schutzfaktoren nur noch mehr trainieren. Dann wird das schon."

Dieser Strohhalm, nach dem die Leute in ihrer Verzweiflung greifen, klingt auf den ersten Blick verlockend, aber er führt dazu, dass eine wichtige Entwicklung – das Annehmen einer Situation – nicht stattfinden kann. Mitunter können auch fragwürdige Coaches und Trainer, die mit einer stabilen Resilienz nach einem Wochenendseminar oder ähnlichen Phantasieversprechen werben, Menschen in Not dazu bringen, sich in diesem Denkmuster zu verfangen. Zum einen treibt sie der sehnliche Wunsch nach Hilfe und Erleichterung an, zum anderen ist da die Scham und Schuld, sich möglicherweise einfach nicht genug angestrengt zu haben – schließlich könnten ja die, die durch ihre Anstrengung resilient genug geworden sind, alle Krisen ohne jegliche Kratzer überstehen.

Die Schutzfaktoren sind dir selbstverständlich eine gute Stütze und sie federn kleine und größere Erschütterungen ab – aber sie sind keine Wundermittel. Wie schon erwähnt, bedeutet eine hohe Resilienz nicht, dass du unverwundbar bist und dich nie wieder mit negativen Gefühlen auseinander setzen musst. Vielleicht gibt es auch Erlebnisse in deinem Leben, die so einschneidend sind, dass du davon beeinflusst wirst – ganz gleich, wie stabil deine Resilienz auch sein mag. Es gibt Momente im Leben, die kann ein Mensch kaum fassen oder bewältigen, schon gar nicht im Alleingang. Das bedeutet nicht, dass er selbst schuld daran ist und einfach nur ausgiebiger sein Resilienz-Training durchziehen sollte.

Noch einmal: Resilienz ist kein Alleskönner, der jedes Problem aus dem Weg räumt, und sie ist auch kein Schutzpanzer, der dich unberührbar macht. Und vor allem ist sie keine Entschuldigung dafür, dass dich jemand weiter Missständen oder unfairem Verhalten aussetzt. Du musst nicht alles aushalten und niemand sollte dir den Eindruck vermitteln, dass es deine Schuld ist, wenn du nicht bereit dazu bist.

Wie ist das bei dir?

- War das Resilienz-Training deine Idee oder hat dich jemand darauf gebracht?
- Falls dich jemand darauf gebracht hat – warum?
- Hat jemand Erwartungen an dich und dein Resilienz-Training gestellt?
- Oder dir sogar Vorgaben gemacht, was du wie zu tun hast, um bestimmte Ergebnisse zu erzielen?
- Wurde an dich der Gedanke herangetragen, dass Resilienz ein Allheilmittel ist?
- Hast du solche Erwartungen an dein Training oder sind dir die Grenzen des Trainings bewusst?
- Ist es für dich in Ordnung, in deinem Tempo zu arbeiten oder hast du das Gefühl, du müsstest dich beeilen und schnellere Fortschritte machen?
- Bist du anfällig für Heilsversprechen?
- Erwartet jemand von dir, dass du Ungerechtigkeiten einfach aushältst?
- Erwartest du dies selbst von dir?

Resilienz-Training mit professioneller Unterstützung durch eine Fachkraft

Resilienz mit Pferden, Resilienz-Stärkung in der Natur, Resilienz für die Führungsebene – es gibt zahlreiche Resilienz-Trainings, die angeboten werden. Wenn du merkst, dass du dich allein schwer damit tust, dein Training anzufangen, regelmäßig durchzuführen oder zu strukturieren, kann ein geführtes

Training eine erwägenswerte Alternative sein. Mit einer Fachkraft an deiner Seite kannst du dir den Einstieg in das Thema erleichtern und auch den Übergang von der Theorie ins Praktische angenehmer gestalten. Gemeinsam mit der Fachkraft kannst du auch überprüfen, welche Ziele für dich realistisch sind, wo du aufpassen solltest und wo du vielleicht noch mehr wagen darfst. Dieses Feedback kann auch hilfreich sein, wenn du steckenbleibst und mit deinem Training allein nicht die Veränderungen erzielen konntest, die du angestrebt hast. Vielleicht rühren diese Blockaden von tiefer liegenden Problemen her, für deren Aufarbeitung du psychologische Unterstützung gut gebrauchen kannst. Oder du hast dir zu viel zugemutet. Gerade Personen mit einer starken Arbeitsmoral und einem hohen Anspruch an sich selbst können Gefahr laufen, sich bei so einem Projekt zu verzetteln und zu viel in zu kurzer Zeit von sich zu erwarten.

Eine Begleitung von außen kann dir neue Perspektiven aufzeigen, wenn du als Betroffene möglicherweise gerade den Wald vor lauter Bäumen nicht mehr siehst, und gemeinsam mit dir neue Wege entwickeln. Diese Unterstützung kann auch hilfreich sein, wenn du mit einer psychischen oder physischen Erkrankung lebst. Befindest du dich bereits in einem therapeutischen Setting, kannst du die Behandler fragen, ob sie das Resilienz-Training gemeinsam mit dir gestalten wollen, wenn es nicht ohnehin bereits Teil der Behandlung ist. Vor allem wenn es darum geht, bei psychischen Erkrankungen Selbstwirksamkeit und eine Verbesserung des Umgangs mit den Symptomen zu bekommen, werden häufig Ansätze aus dem Resilienz-Training übernommen beziehungsweise das gezielte Stärken einzelner Schutzfaktoren angestrebt. Dies ist auch bei besonderen Belastungen angeraten, etwa wenn du einen Trauerfall in der Familie hattest oder dich in einer anderen außergewöhnlichen Krisensituation befindest. Setzt du dich dann mit dem Thema auseinander, kann es sein, dass sich genannte Blockaden zeigen oder du aufgrund deiner seelischen Verfassung einfach viel Unterstützung durch eine fachkundige Person gebrauchen kannst. Menschen mit chronischen körperlichen Erkrankungen bemerken nicht selten auch seelische Auswirkungen der Krankheit und profitieren daher ebenfalls von einem entsprechenden geführten Training. Oftmals werden Aspekte aus dem Resilienz-Training in Reha-Einrichtungen aufgegriffen, aber du kannst auch gezielt bei deinen Behandlern nachfragen, ob es eine spezielle Gruppe für Menschen mit deiner Diagnose gibt oder ob eine Einrichtung in der Nähe entsprechende Angebote hat.

Eine Unterstützung von außen kann auch förderlich sein, wenn du dich auf einem ganz bestimmten Gebiet oder in einem bestimmten Lebensbereich weiter entwickeln möchtest und deine Resilienz beispielsweise im Arbeitsleben oder in deinem Alltag als Mutter ausbauen möchtest. Auch kann es spannend sein, neben dem eigenen Lernen Abwechslung und Motivation dadurch zu schaffen, dass du dir besondere Schmankerl als Anreiz setzt – etwa ein Resilienz-Training mit Hunden oder Pferden, wenn dich so etwas interessiert, oder ein Coaching in der Natur. Kleine Belohnungen helfen dir, deine Motivation aufrechtzuerhalten und die Aufgabe wieder attraktiv zu machen, auch wenn du manchmal die Lust verlierst oder dir die Entwicklung zu langsam voranschreitet.

Nutze deine Ressourcen, frage nach, welche Hilfen es gibt, was in deinem Fall ratsam wäre, und traue dich, die angebotenen Hilfen, die dir zusagen, auszuprobieren. Wenn du dann feststellst, dass sie doch nichts für dich sind, kannst du immer noch etwas anderes testen. Wenn du dir Hilfe von außen für dein Resilienz-Training suchst, überlege dir, was dir bei einer Zusammenarbeit wichtig ist. Möchtest du dich eher an dem Wiener Modell orientieren und eine Balance zwischen Bewegung, Ernährung und mentaler Hygiene finden? Wäre eine Ernährungsberatung, ein Coaching oder ein Personal Training für dich hilfreich? Oder möchtest du an den gängigen Schutzfaktoren arbeiten? Gibt es tiefer liegende mentale Blockaden? Dann ist eine ausgebildete Psychotherapeutin eine gute Anlaufstelle. Auch Beratungsstellen oder andere Verbände bieten manchmal niedrigschwellige Beratungsangebote bzw. Gespräche an.

- In welchem Bereich hättest du gerne professionelle Unterstützung? Resilienz für das Arbeitsleben, Resilienz bei Krankheit, Resilienz in der Kinderbetreuung?
- Was erwartest du von dieser Form der Begleitung?
- Welche Eigenschaften sollte deine Begleitung auf jeden Fall haben?
- Welche Form der Zusammenarbeit wäre gut für dich? Projektbezogen ein Wochenendseminar oder ein längeres Retreat, wöchentliche Treffen oder einmal pro Monat?
- Möchtest du persönlich in Kontakt treten oder bist du viel unterwegs, sodass Online-Angebote eine bessere Option wären?
- Möchtest du gezielt an deiner Resilienz arbeiten oder auch damit verbundene Blockaden aufarbeiten?
- Wäre eine psychotherapeutische Unterstützung sinnvoller als ein reines Resilienz-Training?

Äußere Grenzen des Resilienz-Trainings

Wichtig ist auch, dir klar zu machen, dass es sehr positiv ist, dein Verhalten und deine Eigenschaften ändern zu wollen, um krisenfester zu werden – es sich aber auch lohnt, dein Leben dahingehend zu überprüfen, wo sich Krisen und Ärgernisse allgemein verhindern lassen.

Damit ist nicht gemeint, dass du ab sofort nur noch in deiner Komfortzone bleiben und allen Herausforderungen aus dem Weg gehen sollst. Vielmehr sollte dir bewusst sein, dass du dich und dein Verhalten sowie deine Einstellungen zwar bis zu einem gewissen Grad ändern kannst und dadurch belastbarer und souveräner werden wirst – dies aber nicht aus dem Grund geschehen sollte, dass du weiter in einer extrem belastenden Situation oder für dich unpassenden Lebensumständen verharrst.

Brigitte Schäfer merkt in ihrem Buch „Resilienz.100 Seiten" an, dass im betrieblichen Gesundheitsmanagement die Verhältnis-Prävention vor der Verhaltens-Prävention steht. Damit ist gemeint, dass nicht nur die Menschen ihr Verhalten, sondern auch ihre Verhältnisse ändern sollten, wenn diese zu massivem Stress führen.

Sicher lässt sich Stress im Alltag nicht komplett vermeiden, das ist klar. Und niemand wird von dir verlangen, dass du eine Revolution anzettelst, um endlich eine faire und ideale Aufteilung der Care-Arbeit in der Gesellschaft zu erzielen oder eine bessere Life-Work-Balance durchzusetzen. Es ist klar, dass bestimmte Prozesse ihre Zeit dauern und du sie nur bis zu einem gewissen Anteil beeinflussen kannst. Aber du kannst dafür sorgen, das zu ändern, was du ändern kannst.

Vielleicht kennst du das Gelassenheitsgebet des Amerikaners Reinhold Niebuhr?

Der bekannteste Ausschnitt daraus lautet:

„God, grant me the serenity to accept the things I cannot change, courage to change the things I can, and wisdom to know the difference."

Im Deutschen ist es meist nur in der Kurzfassung und somit in der Übersetzung der oben stehenden drei Zeilen geläufig:

„Gott, gib mir die Gelassenheit, Dinge hinzunehmen, die ich nicht ändern kann, den Mut, Dinge zu ändern, die ich ändern kann, und die Weisheit, das eine vom anderen zu unterscheiden."

Du musst an keinen Gott glauben, sondern kannst dich auch vollkommen losgelöst an diesen Unterscheidungsprozess wagen. Das erfordert den Mut, hinzusehen und aktiv zu werden, wenn du feststellen solltest, dass es störende Dinge in deinem Leben gibt, die du selbst verändern kannst. Auch das Anregen von Veränderungen gehört dazu, also das Ansprechen von Missständen, das Suchen des Dialogs mit Leuten, mit denen der Umgang schwierig ist, oder das aktive Einfordern von Gerechtigkeit.

Wage dich an eine ehrliche Bestandsaufnahme: Geht es dir in deiner Beziehung wirklich gut? Verbindet euch Liebe und Zuneigung oder Gewohnheit? Nützen die ständigen Problemdiskussionen etwas oder redet ihr eigentlich nur noch über das, was nicht läuft? Wann habt ihr das letzte Mal zusammen gelacht? Nervt dein Gegenüber dich nur noch oder schaust du auch voller Zuneigung auf diese Person?

Wenn du morgens schon Bauchschmerzen auf dem Weg zur Arbeit hast, gibt es keine andere Möglichkeit, dem aus dem Weg zu gehen, als dich das x-te Mal mit schlechtem Gewissen krankschreiben zu lassen? Vielleicht kannst du um neue Aufgaben bitten, wenn du dich mehr einbringen willst. Oder kannst du in ein anderes Team wechseln, wenn du mit den Leuten dort besser klar kommst? Stöhnst du auf, wenn diese eine Freundin bei dir anruft, weil sie dich immer nur als Kummerkasten benutzt und über deine Gefühle hinweggeht? Kannst du nachts nicht schlafen, weil es nach vorne raus so laut ist? Ändere das! Tausche die Zimmer, wenn du kannst. Führe mit der Freundin ein klärendes Gespräch oder beende die gemeinsame Zeit, wenn keine Änderung eintritt. Steh für dich und deine Bedürfnisse ein.

Resilient zu sein bedeutet wirklich nicht, möglichst viel Mist auszuhalten und sich hinter einen Panzer zurückzuziehen und einen Schlag nach dem anderen zu kassieren. Es bedeutet, dass du bei den unvermeidlichen Schicksalsschlägen und Herausforderungen das nötige Rüstzeug hast, um diese zu überstehen und vielleicht sogar noch stärker daraus hervorzugehen. Dinge, die sich ändern lassen, solltest du aber angehen, damit du deine Widerstandskraft für die Dinge nutzen kannst, die du nicht aus eigener Kraft beeinflussen kannst.

Nicht immer ist auf den ersten Blick zu erkennen, wo unser Handlungsspielraum aufhört; mitunter auch, weil wir uns an Dinge gewöhnt haben. Die Kollegen laden dir immer das Aufräumen der Teeküche auf und du hast es ja auch gerne sauber? Da machst du das schnell mal? Das ist eine typische Situation, in die man so hineinwachsen kann, dass sie sich vollkommen normal anfühlt. Du kommst gar nicht mehr auf die Idee, das Ganze zu hinterfragen. Aber frage dich: Ist das fair? Tun die anderen auch einen Extrateil? Oder bist irgendwie immer nur du dran? Lass das nicht mit dir machen. Zieh deine Grenzen!

Alle anderen Kollegen haben Kinder, sodass immer du den Dienst an den hohen Feiertagen übernehmen sollst? Du hast seit der neuen Anstellung noch kein Fest mit deinen Liebsten begehen können und das bedrückt dich innerlich? Lass dich nicht instrumentalisieren. Natürlich ist es nett von dir, wenn du den Eltern in deinem Team entgegen kommst, aber das bedeutet nicht, dass du automatisch so springen musst, wie sie es wollen. Auch du hast ein Recht darauf, Feiertage mit deinen Liebsten zu feiern.

Mache dir all die kleinen Dinge in deinem Leben bewusst, die dich irgendwie nerven, bedrücken, stören und dann schau, ob es im Rahmen deiner Möglichkeiten liegt, diese zu ändern. Mitunter wird es nicht immer eins zu eins zu verändern sein. Aber es reichen schon Teilerfolge, um deine Situation insgesamt zu verbessern. Dadurch räumst du Hindernisse aus dem Weg, die gar nicht da sein müssten, und hast mehr Kraft für die echten Stürme, die immer mal wieder über dich hereinbrechen können. Wenn du dich nicht täglich an lästigen Kleinigkeiten abarbeiten musst, kannst du dich auch viel mehr darauf konzentrieren, dein Leben in eine positive Richtung zu lenken und Schritte zu unternehmen, die dich Richtung Glück und Zufriedenheit führen.

Bevor du jetzt im nächsten Abschnitt eine bunte Zusammenstellung an Ideen findest, wie du deine Schutzfaktoren stärken und üben kannst, nimm dir einen Moment Zeit für deine Bestandsaufnahme. Falls du magst, mach dir Notizen oder eine Mindmap, um das Ergebnis schwarz auf weiß und damit in all seiner Deutlichkeit vor dir zu sehen.

- In welchem Bereich deines Lebens gibt es Dinge, die dich nerven?
- Sticht ein Aspekt besonders hervor?
- Ist es eine Person oder eine Tätigkeit oder etwas ganz anderes?
- Wieso kriselt es hier immer wieder?
- Wie viel Zeit verbringst du damit, dich darüber zu ärgern?
- Erlebst du dieses Ärgernis regelmäßig?
- Was hat dich bisher davon abgehalten, dagegen anzugehen? Fürchtest du Sanktionen? Bist du zu bequem? Ist es verbindend, sich gemeinsam über etwas aufzuregen, etwa über die immer kaputte Glühbirne im Flur, statt sie einfach auszuwechseln?
- Falls es eine Person ist, kannst du mit dieser Person darüber reden?
- Falls keine Basis für ein Gespräch da ist, kannst du den Kontakt zu dieser Person minimieren oder so gestalten, dass er dich weniger belastet?
- Falls es eine Tätigkeit ist: Wie würde sie dich weniger belasten? Lässt sie sich delegieren? Oder anders gestalten?

Was fällt dir sonst zu dem Thema ein? Gehe einmal alle Bereiche deines Lebens durch: Partnerschaft, Familie, Kinder, Beruf, Haushalt, Hobbys, Ehrenamt, Wohnsituation, Finanzen, persönliche Entwicklung. Schau genau hin! Wenn dir jetzt nichts einfällt, mach dir eine mentale Notiz, wenn du das nächste Mal in eine Situation kommst, in der du dich unnötig ärgern musst. Hast du einen Schlachtplan vorliegen, kannst du das Projekt angehen und all die kleinen Ärgernisse nach und nach aus dem Weg schaffen – für mehr Freiraum zum Entwickeln von dem, was gut ist in deinem Leben!

Kapitel 5 - Jetzt geht's los – Praktische Empfehlungen zur Stärkung der Resilienz

Dem Athlet und Autor Bob Moawad wird folgender Ausspruch zugeschrieben:

„The best day of your life is the one which you decide your life is your own.

No apologies or excuses, no one to lean on, rely on or to blame.

The gift is yours - it is an amazing journey and you alone are responsible for the quality of it.

This is the day your life really begins!"

Zu Deutsch:

„Der beste Tag deines Lebens ist der, an dem du entscheidest, dass dein Leben dein eigenes ist.

Keine Entschuldigungen oder Ausflüchte, niemand auf den du dich verlässt, niemand, auf den du baust oder den du verantwortlich machst. Das Geschenk ist deines – es ist eine fantastische Reise und du allein bist verantwortlich für die Qualität eben dieser.

Das ist der Tag, an dem dein Leben wirklich beginnt!"

Wir wissen zwar, dass kein Mensch eine Insel ist und niemand losgelöst von seiner Umgebung, seinen sozialen Verhältnissen sowie der Kultur und den geschichtlichen Ereignissen betrachtet werden kann, in die er hinein geboren wird; was wir aber aus diesem Zitat ziehen können, ist die Chance, einen Neuanfang zu machen; einen Neustart in ein erfülltes Leben – und zwar dann, wenn wir aufhören, andere für unser Lebensglück verantwortlich zu machen oder das Glück im Außen zu suchen, und stattdessen selbst etwas dafür tun.

Das Zitat sollte nicht so verstanden werden, dass wir anderen Menschen nicht mehr trauen sollten.

Ein gesunder Optimismus ist, wie du bereits erfahren hast, einer stabilen Resilienz äußerst zuträglich und sollte auch im Umgang mit Menschen in seiner Auswirkung nicht unterschätzt werden. Aber das Ganze sollte nach dem Motto ablaufen: Erwarte nichts, geh aber von dem Besten aus! Und am Allerwichtigsten: Werde selbst aktiv! Nimm dein Leben selbst in die Hand!

Ja, wir haben genetisch bedingt unterschiedliche Voraussetzungen und auch unsere Sozialisation können wir zu großen Teilen nicht bestimmen – aber wir können uns dafür entscheiden, die Dinge zu verändern, die wir beeinflussen können. Wir können unsere Schutzfaktoren Stück für Stück stärken, wir können für eine harmonischere Umgebung sorgen, Störfaktoren und Energieräuber aus unserem Leben aussortieren und mit aller Kraft ein zufriedenes, glückliches Leben anstreben.

Das ist der Tag, an dem dein Leben wirklich beginnt.

In diesem Kapitel findest du Tipps, Übungen und Ideen zur Entfaltung deiner eigenen Kraft. Neben Vorschlägen, wie du die drei Pfeiler Food, Mind und Move des Wiener Modells in

Balance bringen kannst, findest du auch zu den sieben Schutzfaktoren, die als Säulen der Resilienz bekannt sind, verschiedene Anregungen, um diese zu stärken. Zudem bekommst du ein paar allgemeine Tipps an die Hand und ein paar Anregungen für Situationen, in denen du unterwegs bist und einen kleinen Resilienz-Boost vertragen kannst. Abschließend findest du noch eine Anleitung, um eine Notfallbox vorzubereiten, um für Krisenzeiten oder emotionale Überbelastungen jeglicher Art vorbereitet zu sein.

Die Pfeiler des Wiener Modells in Einklang bringen

Die Eckpfeiler des Wiener Modells sind sehr leicht zu überschauen: Es handelt sich um Move – also die körperliche Fitness –, Food – also die Ernährung – und Mind – also die Einstellung und Haltung oder allgemeiner die Psychohygiene. Das Ziel ist es, die eigene mentale und körperliche Gesundheit und damit auch die Widerstandsfähigkeit dadurch zu stärken, dass diese drei Eckpfeiler in Einklang gebracht und gestärkt werden. So ausgerüstet stehen dir dann mehr Ressourcen zur Verfügung, wenn du dich körperlichen oder mentalen Herausforderungen gegenüber siehst.

Move

Bewegung ist nicht nur für deinen Körper wichtig, sondern auch für deine mentale Stärke: Sie kann dich dabei unterstützen, Stresshormone abzubauen, und so deine Resilienz stärken. Besonders bewährt hat sich eine Kombination von Cardio-Training und Krafttraining. Du kannst ausprobieren, ob dir das gezielte Training in einem Studio Spaß macht oder ob du dich lieber in der freien Natur bewegen möchtest.

Genießt du das Solo-Training, bei dem du abschalten und den Kopf frei bekommen kannst, oder das Gemeinschaftserlebnis beim Gruppensport? Probiere ruhig ein paar Dinge aus. Sicher findest du auch eine Sportart, die dich packt. Vielleicht ist es ja auch etwas Ungewöhnlicheres wie Hula-Tanz oder Slackline-Sport? Wenn du die finanziellen Möglichkeiten hast, profitierst du vielleicht auch von ein paar Stunden mit einer Personal-Trainerin?

Lässt deine körperliche oder seelische Verfassung aktuell keine großen Sportaktionen zu, werde kreativ und schau, wo du im Alltag etwas für dich tun kannst: Geh etwas mehr spazieren, mache Balance-Übungen oder schwing das Tanzbein, wenn du dein Lieblingslied hörst. Wird in deinem Büro Präventionssport angeboten? Oder gibt es nach einer Krankheit die Option, am Rehasport teilzunehmen?

Auch kleine Änderungen wie ein Steh-Schreibtisch oder das Spazieren bei Geschäftstelefonaten kann schon ein erster Schritt in die richtige Richtung sein. Wichtig ist es, deinen Körper in Schwung zu bringen und einen Ausgleich zum vielen Sitzen zu schaffen. So stärkst du dein Herz-Kreislauf-System, bringst deinen Stoffwechsel auf Trab, regst auch die Bildung von Glückshormonen an und fühlst dich insgesamt ausgeglichener.

Wichtig sind auch hier das Anerkennen der eigenen Grenzen und ein realistischer Anspruch. Hast du dich bisher kaum bewegt, solltest du dir nicht gleich das Ziel setzen, täglich mindestens 10.000 Schritte zu gehen. Sprich mit deiner Ärztin und lass dir grünes Licht für deine geplante Aktivität geben. Bist du aufgrund von chronischen Erkrankungen eingeschränkt, frage deine Behandler nach Aktivitäten, die für dich geeignet und sicher sind. Es gibt beispielsweise viele Videos zum Thema Spoonie-Yoga. In diesen werden Übungsabfolgen gezeigt, die auf bestimmte Einschränkungen Rücksicht nehmen und dich gesundheitlich unterstützen sollen. Sie sind extra für Menschen mit gesundheitlichen Einschränkungen gestaltet worden und die Abfolge der Asanas, also der Übungen, ist auf das Krankheitsbild abgestimmt.

Auch wenn das Integrieren von Bewegung in dein Leben am Anfang vielleicht nach noch mehr Anstrengung und Stress klingt, wirst du langfristig davon profitieren, da dein Energielevel steigen und auch deine Kraft sich verbessern wird. Du hast mehr Ausdauer und du wirst ein besseres Gefühl für dich und deinen Körper bekommen. Gerade, wenn wir viel mit unserem Innenleben beschäftigt sind, ist es wichtig, nicht den Bezug zu dem eigenen Körper zu verlieren. Pflege ihn und kümmere dich so liebevoll um ihn wie um einen Lieblingsmensch. Er trägt dich durch dein Leben und ist der einzige, den du hast!

- Welche Bewegung würde dir Spaß machen?
- Wie hast du dich als Kind gern bewegt?
- Hast du das freie Spiel bevorzugt oder hast du einen Sport betrieben?
- Warum hast du damit aufgehört?
- Wann warst du das letzte Mal wohlig körperlich erschöpft?
- Bewegst du dich gern an der frischen Luft?
- Gibt es jemanden in deinem Umfeld, der sich gerne gemeinsam mit dir bewegen würde?
- Tobst du gerne mit deinen Kindern?
- Würde es dein Hund genießen, wenn du aktiver mit ihm spielst?

Mood

Der Eckpfeiler Mood umfasst deine gesamte Psychohygiene. Dazu gehören sowohl dein Umgang mit Stress als auch deine Einstellungen und Haltungen zu bestimmten Themen. Bereits durch das Verändern deiner Perspektive auf bestimmte Sachen kannst du der Situation etwas den Stachel ziehen und reagierst somit weniger gestresst.

Stell dir beispielsweise vor, die Kollegin grüßt dich auf dem Flur nicht, sondern huscht fluchtartig an dir vorbei. Bist du eh schon negativ eingestellt, könntest du mit Ablehnung reagieren: „Die blöde Ziege, hält es nicht mal für nötig zu grüßen. Denkt die, die ist was Besseres, oder ist sie einfach nur unhöflich?" Oder auch verletzt: „Die mag mich bestimmt nicht. Kein Wunder, wie ich wieder aussehe, da will niemand was mit mir zu tun haben."

Und schon setzt sich eine negative Gedankenspirale in Gang. Veränderst du deinen Blickwinkel und gehst erst mal nüchtern an die Sache heran oder sogar positiv – ganz im Sinne von „Im Zweifel für den Angeklagten" –, dann denkst du dir eben gar nichts dabei – oder versuchst es zumindest – oder gibst ihr einen Nettigkeits-Vorschuss. Vielleicht hatte sie grade Kummer oder ihr war schlecht oder sie war im Stress. Du hast ja auch schon mal jemanden nicht gegrüßt und es war nicht bösartig gemeint, oder? Eben!

Deine Einstellung zu Dingen kann dir bereits sehr dabei helfen, mit stressigen Situationen entspannter umzugehen, und ein positiver Ausblick aufs Leben hilft, Stresshormone wie Cortisol, Noradrenalin oder Adrenalin erst gar nicht richtig in Wallung zu bringen. Dadurch kannst du besser denken und auch deine Problemlösekompetenzen besser agieren lassen. Das Etablieren von neuen Sichtweisen und Haltungen wird nicht von heute auf morgen geschehen und erfordert Durchhaltevermögen, aber es lohnt sich.

Weitere Dinge, die du für deine Psychohygiene tun kannst, sind beispielsweise das Erlernen von Entspannungsmethoden oder das Führen eines Stimmungstagebuchs. Wie ist das bei dir?

- Welche regelmäßig auftauchenden Gedanken bereiten dir Stress?

- Hast du eine negative Einstellung zum Leben?
- Denkst du rasch, jemand könnte dich nicht leiden?
- Beziehst du Dinge schnell auf dich?
- Praktizierst du Entspannungsmethoden?
- Wie fühlst du dich, wenn du Zeit für Self-Care hast?
- Könntest du dir vorstellen, ein Tagebuch zu führen?

Food

Essen. Kaum etwas, das wir täglich tun, kann einerseits so einfach und andererseits so kompliziert sein. Viele von uns führen eine Hass-Liebesbeziehung mit der Ernährung und haben ein entspanntes Verhältnis zum Thema verloren. Dabei sind eine ausgewogene Ernährung und ein gesundes Essverhalten enorm wichtig für unsere mentale und körperliche Gesundheit.

Achten wir auf eine ausgewogene Kost mit allen wichtigen Mineralien, Vitaminen, Spurenelementen und einer angemessenen Verteilung der Makronährstoffe Eiweiß, Fett und Kohlenhydrate, versorgen wir unseren Körper bestens und sowohl das körperliche als auch das mentale Immunsystem können optimal arbeiten.

Essen wir zu viel, belasten wir unseren Körper mit Übergewicht, das neben gesundheitlichen Problemen auch psychische Probleme mit sich bringen kann. Auch ein restriktives Essverhalten ist schädlich für unsere Resilienz, da Mangelernährung das Immunsystem schwächt, die kognitive Leistungsfähigkeit beeinflussen kann und zudem viele Symptome, die mit Angst und Panik verbunden werden, auch bei Unterzuckerung auftreten können. Vielleicht kennst du auch den englischen Ausdruck „hangry", der sich aus den Worten „hungry", also „hungrig", und „angry", also „wütend", zusammensetzt. Wir reagieren oft gereizt und angespannt, wenn wir Hunger verspüren, und sollten gut für uns sorgen, um uns durch so eine Situation nicht unnötigem Stress auszusetzen.

Wenn du unsicher bist, was dir gut tut, scheue dich nicht davor, verschiedene Dinge auszuprobieren oder eine Fachkraft um Hilfe zu bitten. Lass dir bei Bedarf eine Ernährungsberatung geben, damit du weißt, welche Lebensmittel in welchem Maße gut für dich sind. Wenn du lernst, wie du dir mit deiner Ernährung langfristig Gutes tun kannst, hast du diesen Eckpfeiler auf ein sicheres Fundament gestellt. Sehr hilfreich ist dabei auch ein achtsamer Umgang mit dem Essen. Schätze, dass es jemand für deinen Verzehr zubereitet oder angebaut hat, nimm es mit allen Sinnen war und konzentriere dich beim Verzehren ganz bewusst auf deine Nahrung. Langsames Essen kann dich dabei unterstützen – und es soll sogar die Produktion von den erwähnten Stresshormonen reduzieren können. Isst du langsam und bewusst und nicht nebenbei beim Texten oder zwischendurch zur Stimmungsregulation, dann wirst du auch einen besseren und natürlichen Zugang zum Thema finden. So kannst du den Eckpfeiler Food ebenfalls dazu nutzen, deine mentalen und körperlichen Abwehrkräfte zu stärken.

- Versuchst du, deine Emotionen mit Essen zu regulieren?
- Wie ist deine Einstellung zum Essen?
- Hast du ein gesundes Essverhalten gelernt?
- Neigst du dazu, zu viel oder zu wenig zu essen?
- Versuchst du, mit deinem Essverhalten Kontrolle in einem Bereich deines Lebens zu erlangen?
- Wie fühlst du dich, wenn du dich mit gesundem Essen versorgst?
- Welche Lebensmittel magst du richtig gerne?
- Bist du experimentierfreudig beim Zusammenstellen deiner Mahlzeiten?
- Verzehrst du deine Mahlzeiten bewusst oder nebenbei beim Telefonieren, Arbeiten oder Texten?

Die 7 Säulen stärken – Tipps zum Ausbau der einzelnen Schutzfaktoren

Im Folgenden werden Ideen zum Stärken der bekanntesten Schutzfaktoren – der 7 Säulen der Resilienz – vorgestellt. Spricht dich ein anderes Konzept mehr an, kannst du diese Ideen natürlich aufgreifen und entsprechend anpassen.

1. Optimismus

Deinen Optimismus kannst du dadurch stärken, dass du deinen Fokus mit all deiner Willenskraft auf das Gute im Leben lenkst. Kleine Tricks helfen dir dabei, immer wieder in der Spur zu bleiben, zum Beispiel:

Glückstagebuch führen

Sammele die kleinen und großen Glücksmomente in deinem Alltag. Vor allem in harten Zeiten übersehen wir diese mal gerne. Aber die Vögel zwitschern auch während einer Trennung, einer gesundheitlichen Krise oder einer finanziellen Flaute – wir haben dann nur vergessen hinzuhören. Es gibt im Handel spezielle Glückstagebücher, die dich jeden Abend daran erinnern, deine drei Glücksmomente aufzuschreiben. Du kannst aber auch einfach ein leeres Heftchen nehmen und sie darin niederschreiben. Wichtig ist, dass dein Tagebuch wirklich nur für Glücksmomente da ist und das Notieren ein fester Bestandteil deines Alltags wird. So achtest du im Alltag vermehrt auf diese schönen Momente und richtest deinen Blickwinkel neu aus.

Gegenüberstellung

Die negativen Gedanken kommen bei dir wie aus der Pistole geschossen? Bist du die, die zu allem und jedem einen sarkastischen Spruch auf Lager hat oder übernimmst du automatisch die Rolle der Schwarzmalerin? Dann übe dich in einer Gegenüberstellung. Jedem negativen Ausspruch oder Gedanken stellst du etwas Positives gegenüber. Die meisten Menschen können nicht direkt von Negativ zu Positiv wechseln. Wenn es dir fremd oder falsch vorkommt, statt wie immer vom Schlechtesten nun vom Besten auszugehen, dann versuche es etwas neutraler: Einem „Das Vorstellungsgespräch lief nicht so gut. Bestimmt bekomme ich den Job nicht." stellst du ein „Ich habe alles gegeben, was ich konnte. Ab jetzt liegt es nicht mehr in meiner Hand." gegenüber, einem „Ich muss noch für diese Prüfung lernen – mir geht es so mies, die verhau ich doch ohnehin!" ein „Ich darf mich weiterbilden und ich strenge mich im Rahmen meiner Möglichkeiten an. Mal schauen, was passiert!".

Komplimente sammeln und geben

Wenn du ohnehin schon auf der Suche nach Glücksmomenten bist, dann beschere doch auch anderen welche. Halte Ausschau, wie und wann du jemandem ein ehrliches Kompliment geben kannst: Vielleicht der Kassiererin, die so gelassen und gekonnt mit dir umgegangen ist, oder der Mutter, die so souverän ihr Kind beruhigt. Deiner Chefin, die so eine freundliche Arbeitsatmosphäre schafft, oder deinem Sohn, der so bereitwillig sein Croissant mit dem Nachbarskind geteilt hat. Wir tun uns mitunter schwer damit, etwas Nettes zu sagen, und haben Angst, dass das komisch wirken könnte – vielleicht auch, weil wir das Jammern oder Motzen viel mehr gewöhnt sind. Aber hast du schon mal jemanden gesehen, der sich so richtig über ein Kompliment gefreut hat? Diese Freude ist ansteckend! Bekommst du ein Kompliment, rede es nicht klein, sondern nimm es an und teile deine Freude mit deinem Gegenüber. Vielleicht magst du die Komplimente ja auch sammeln, damit du bei Bedarf mal durchstöberst und einen positiveren Ausblick auf dich und deine Stärken bekommst.

Lächeln

Ein ganz einfacher Trick für zwischendurch, der eine Wohltat für deinen Optimismus-Muskel ist: Lächeln.

Nicht immer ist uns danach zumute, aber das macht gar nichts. Auch ein gestelltes Lächeln kann sich positiv auf unseren Organismus auswirken: Stresshormone werden abgebaut, stattdessen werden Glückshormone ausgeschüttet. Super! Und auch wenn du dir vielleicht mit einem gestellten Lächeln albern vorkommen solltest: „Fake it, til you make it." Manchmal haben wir uns regelrecht daran gewöhnt, griesgrämig durch die Welt zu laufen oder nach außen ein Pokerface zur Schau zu tragen. Durchbreche dieses Muster, indem du dich auf Lächel-Jagd machst. Nutze jede Gelegenheit zum Lächeln: Ein Postbote bringt dir das schwere Paket bis in den Flur? Schenk ihm ein Lächeln! Du siehst ein Kind von Herzen lachen? Lächeln! Dir steigt der herrliche Duft von Lavendel und Rosen in die Nase? Lächeln! Ruckzuck wirst du immer leichter zu deinem Lächeln finden und von den positiven Auswirkungen auf Körper und Geist profitieren.

Guter Input

Gönne dir eine kleine Auszeit von all den Dramen der Social-Media-Welt, limitiere deinen Nachrichtenkonsum und schenke dir eine Woche, in der du dir nur guten Input gibst. Natürlich wollen wir gut informiert sein, aber wer sich rund um die Uhr mit Schreckensmeldungen, drastischen Bildern und dem Twitter-Kleinkrieg von zwei B-Promis befasst, kann leicht den großen Weltschmerz kriegen und sich fragen, warum man in so einer Welt überhaupt optimistisch sein sollte. Gestalte deinen Konsum von Neuigkeiten und Informationen bewusst. Schaue dir lustige Filme an, Kabarettisten und Komikerinnen, Lehrtutorials oder inspirierende Beiträge, die dir ein gutes Gefühl vermitteln. Fühle immer in dich hinein und vergleiche es mit deinem vorherigen Medienkonsum. Wie geht es dir, wenn du erbauliche, erheiternde Dinge aufnimmst und dich mit dem umgibst, was dir Hoffnung und gute Laune beschert?

2. Akzeptanz

Zu akzeptieren was ist, schafft dir Handlungsräume, denn du musst dann nicht mehr gegen Windmühlen kämpfen, sondern kannst dich um das kümmern, auf das du Einfluss hast. Besonders hilfreich für das Stärken deiner Akzeptanz sind Achtsamkeitsübungen.

Das Gelassenheitsgebet

Du hast bereits das Gelassenheitsgebet von Reinhold Niebur kennengelernt. Schreibe es dir auf ein schönes Stück Papier und hänge es dir an den Kühlschrank oder neben deinen Computerbildschirm. Du kannst es auch in deine eigenen Worte fassen oder die Ansprache weglassen, sodass es keinen religiösen Kontext mehr hat:

„Gib mir die Gelassenheit, Dinge hinzunehmen, die ich nicht ändern kann, den Mut, Dinge zu ändern, die ich ändern kann, und die Weisheit, das eine vom anderen zu unterscheiden."

Das Rezitieren kann dir immer wieder bewusst machen, dass du nicht alles ändern kannst und nichts alles ändern musst, aber durchaus den Mut haben solltest, zu hinterfragen, ob du etwas ändern kannst. Die Macher und Kontrollettis unter uns, die es nur schwer ertragen können, zuzugucken oder mal nicht alles in der Hand zu haben, können sich mit diesem Gebet oder einem anderen Gedicht, was ihnen hilft, an etwas festhalten und sich selbst erden, wenn alte Verhaltensmuster aktiviert werden.

Body-Scan

Der Body-Scan ist eine Achtsamkeitsübung, bei der du gedanklich die verschiedenen Teile deines Körpers abscannst, ohne ihn dabei in irgendeiner Form zu beeinflussen. Du gehst gedanklich Stück für Stück, meist von den Zehen bis hinauf zu deinem Kopf, und nimmst einfach wahr, welche Empfindungen du in dem jeweiligen Körperteil fühlst und wie deine Stimmung ist. Das bewusste Einnehmen der Beobachterrolle und das bewusste Vermeiden von Bewertungen der Empfindungen können dabei helfen, eine gewisse Gelassenheit und Akzeptanz gegenüber Reizen aufzubauen. Bist du sonst sehr empfindlich und regierst möglicherweise auch leicht über, kann dir diese Übung dabei helfen, Dinge erst mal nur zu betrachten und nicht sofort auf jeden Reiz mit einer Reaktion zu antworten. Dadurch bleibst du ruhiger, behältst den Überblick und kannst aktiv handeln, statt nur zu reagieren.

Meditation

Auch die Meditation kann dir dabei helfen, deine wilden Gedanken zu beruhigen und zu dir selbst zu finden. Du musst nicht wie ein erleuchteter Guru stundenlang im Schneidersitz in tiefer Versenkung verbringen, um von den Vorteilen einer Meditationspraxis zu profitieren. Schon ein paar Minuten täglich können deinen Herzschlag beruhigen, deinen Blutdruck senken und dir helfen, dein Stresslevel zu verringern. Deine Akzeptanz wird bereits geschult, wenn du dich zum Meditieren hinsetzt und feststellst, dass dir das Meditieren schwer fällt. Es gibt viele verschiedene Arten zu meditieren, etwa die Sitz-Meditation oder die Geh-Meditation. Für viele Menschen ist eine geführte Meditation zu Beginn eine gute Wahl, um einen Einstieg in die Thematik zu bekommen. Es gibt auch Meditationsgruppen oder Kurse, in denen du mehr über die Meditation und ihre positiven Auswirkungen erfahren kannst.

3. Lösungsorientierung

Die Chance und nicht das Problem sehen, erfordert Kreativität, Intelligenz und Beweglichkeit im Denken. Um sich nicht überfordert zu fühlen, ist es neben dem Über-den-Tellerrand-Schauen auch wichtig, eine Struktur und ein Ziel zu haben.

Spielerische Logik

Logiktrainer, Escape Rooms, Black Stories, Sudoku, Kreuzworträtsel – alles, was deine grauen Zellen auf Trab hält und dich dazu bringt, lösungsorientiert zu denken, ist willkommen. Vor allem, wenn es dein lösungsorientiertes Denken auf spielerische Weise trainiert. Escape Rooms sind auch eine tolle Möglichkeit, um diesen Schutzfaktor im Team zu üben, etwa als Familie, als Paar oder als Arbeitsgruppe.

Prioritätenliste

Verschaffe dir einen Überblick über deine Prioritäten. Was ist dir im Leben wichtig und welche Aspekte sollten immer die Grundlage für deine Lösungsansätze bilden? Welche Werte und Normen müssen bei dir berücksichtigt werden, damit du dich mit den Lösungen wohlfühlen kannst? Verschaffst du dir darüber Klarheit, wirst du nicht so leicht in Versuchung kommen, Ja zu halbgaren Vorschlägen zu sagen, die dir ein mulmiges Gefühl im Bauch bereiten. Stattdessen kannst du beim gemeinsamen Finden von Lösungsansätzen direkt eine klare Position beziehen.

Informationen sammeln

Vielseitig interessierte Menschen können mitunter schneller Verknüpfungen bilden, Dinge neu kombinieren und so auf frische Lösungsansätze kommen. Beschäftigt dich ein Thema, sammele dazu Informationen. Bleibe neugierig und schaue, wie andere Leute ähnliche Herausforderungen gemeistert haben. Nutze jede Chance, um zu lernen und von den Erfahrungen anderer zu profitieren. Viele Menschen teilen ihr Wissen überaus bereitwillig und freuen sich, wenn sie in ihrer Expertenrolle geschätzt werden.

4. Die Opferrolle verlassen

Wenn du die Opferrolle verlässt, ist es wichtig, dass du deine eigene Kraft, deine Selbstwirksamkeit spüren kannst. Trainiere sie durch kleine Herausforderungen und Kniffe, um immer selbstbewusster damit umgehen zu können.

Die eigene Kraft spüren

Wann hast du das letzte Mal gespürt, wie stark du bist? Das Ausleben von körperlicher Stärke lässt sich wunderbar auch auf die mentale Stärke übertragen. Teste deine Stärke im Rahmen deiner Möglichkeiten und freue dich daran, was du schaffen kannst. Wenn du aktuell nur sehr wenig körperliche Stärke zur Verfügung hast, trainiere sie. Fordere dich heraus und genieße es, wenn du deine Kraft spürst. Versuch einen Liegestütz oder hacke Holz für deinen Kamin. Werde aktiv und schau, was du aus eigener Kraft schaffen kannst.

Mut-Accessoires

Nicht immer ist es leicht, seine neue Position zu halten und nicht wieder in die Opferrolle zurückzufallen, aus Angst, Bequemlichkeit oder Frust. Besorge dir ein kleines Mut-Accessoire, was du mit deiner persönlichen Stärke in Verbindung bringst – etwa ein Armband, einen schmalen Ring oder einen Button –, und trage es, wenn du besonders viel Mut brauchen wirst. So wird der Besuch beim Zahnarzt, die Aussprache mit deinem Ex oder der Besuch der Firmenfeier zwar nicht unbedingt weniger bedrohlich auf dich wirken, aber du hast einen kleinen Mutmacher, der dich immer wieder daran erinnert, was du kannst und wo du mittlerweile stehst!

Mini-Challenges für Erfolgserlebnisse

Festige deine neue Position jenseits der Opfer-Rolle durch kleine Erfolgserlebnisse. Wenn du diese im Alltag nicht einfach durch deinen Job generieren kannst, dann mache kleine Mini-Challenges, die dir gut tun – etwa sieben Tage Rückengymnastik durchziehen oder drei Leute pro Tag anlächeln. Damit wagst du dich aus deiner Komfortzone heraus und tust gleichzeitig etwas für dein körperliches und mentales Wohlbefinden. Und du erlebst, wie deine Taten die Veränderung in deinem Leben bewirken und dass du nicht einfach ein Spielball des Schicksals bist.

5. Verantwortung übernehmen

Sicherlich wirst du ohnehin in deinem Leben Verantwortung übernehmen, etwa im beruflichen Umfeld oder für deine Kinder. Nicht immer ist es aber leicht, Verantwortung für sich selbst zu übernehmen. Vielen von uns fällt es leichter, sich um andere zu kümmern und auch für diese gerade zu stehen. Übe am besten beides.

Feste Termine für dich

Übernimm Verantwortung für dein Wohlergehen und sorge dafür, dass die Rahmenbedingungen dafür geschaffen sind. Schnappe dir deinen Kalender und das Telefon und plane alle ärztlichen Vorsorgeuntersuchungen, die wichtig für dich sind. Ja, niemand verbringt seine kostbare Freizeit gern in einer Arztpraxis – aber ein Routine-Check-Up ist wichtig und auch eine Form der Selbstliebe. Weitere wichtige Termine sind längere Auszeiten zum Auftanken, Freiräume für soziale Interaktion mit Freunden oder der Familie sowie für deine Hobbys und auch Pausen in der Natur.

Investiere in dich

„Das habe ich nicht gelernt! Das hat mir niemand beigebracht!" – Mag sein, aber jetzt nimmst du das Ruder in die Hand! Mit Podcasts, öffentlichen Weiterbildungsangeboten und Youtube hast du die Chance, dich in nahezu jedem Bereich weiterzubilden. Du bist unzufrieden in deinem Job, kannst aber nicht aufsteigen, weil dir eine Qualifikation fehlt? Sprich mit deinem Arbeitgeber darüber und kümmere dich darum. Investiere in deine Bildung und damit in dich selbst! Dieser Punkt wirkt sich übrigens auch positiv auf deine Problemlösekompetenzen aus!

6. Netzwerkorientierung

Ein stabiles soziales Umfeld gilt als sehr resilienzfördernd, bedarf aber auch unserer Aufmerksamkeit und Pflege. Vor allem introvertierte Menschen sollten bei diesem Punkt ihre Bedürfnisse beachten und sich nicht überfordern. Sich ab und an aber mal aus der eigenen Komfortzone herauszubewegen, kann trotzdem in tollen Kontakten münden.

Aktives Zuhören

Ein echter Klassiker im Umgang mit Leuten und einer, der sich lohnt. Wenn du Zeit mit Menschen verbringst, höre ihnen aktiv zu. Heutzutage erledigen viele Menschen parallel etwas auf dem Handy oder sind im Kopf schon einen Sprung weiter. Mach das Ganze mal anders und widme dich bewusst und mit voller Aufmerksamkeit den Menschen in deinem Leben. Was haben sie dir zu erzählen? Was ist ihnen wichtig?

Wo entdeckst du etwas Spannendes, etwas zum Freuen? Sei neugierig und freue dich auf neue Erkenntnisse oder eine tiefere Verbindung zu den Personen, die dich umgeben und mit denen du deine Zeit verbringst.

Verbindlichkeiten

In einer Welt, in der alles schnell und unverbindlich sein muss, ist es erfrischend, wenn jemand verbindlich und verlässlich ist. Nimm Verabredungen ernst und halte dich an Termine. Plane Zeit für die wichtigen Personen in deinem Leben ein – auch wenn der Job stressig ist oder die Steuererklärung ruft. Erinnere dich an Geburtstage, Jubiläumstage und schreib Dankeskarten. Melde dich bei den Leuten – nicht nur, wenn du etwas brauchst oder ein hoher Feiertag ansteht, sondern auch mal so. Halte die Kontakte lebendig und engagiere dich für die Personen, die dir wichtig sind.

Raum für neue Kontakte

Die Pflege deines sozialen Netzes kann auch umfassen, dass du Leute gehen lassen musst, die dir nicht mehr gut tun, die dich nicht zu schätzen wissen oder sich nicht um eure Freundschaft kümmern. Auch wenn ein Loslassen nicht immer einfach ist, kann es sich lohnen. Statt anderen hinterherzulaufen, hast du dann die Möglichkeit, dich auf neue Leute einzulassen und deine Energie und Zeit in Beziehungen zu investieren, die dir gut tun, die dich stärken und glücklich machen.

Offenheit

Vereinsmeierei ist nicht dein Ding, zu einem Sport-Event würdest du nie gehen und in der Volkshochschule sind sicherlich nur Rentner? Erlaube dir das Machen neuer Erfahrungen und suche hin und wieder ganz andere Orte als gewöhnlich auf, um mit anderen Menschen in Kontakt zu kommen. Du musst ja nicht gleich einem Taubenzüchterverein beitreten – aber vielleicht sind die Leute beim Straßenfest echt herzlich und vielleicht reißt dich die Freude der Fans bei einem Eishockeyspiel komplett mit? Probiere es aus und lasse es auf Kontakte ankommen! Du musst nicht gleich mit allen Leuten vor Ort Freundschaften fürs Leben schließen, aber es ist schön, wenn man sich kennt und ein paar nette Worte wechselt!

7. Zukunftsplanung

Eine realistische Zukunftsplanung hilft dir dabei, andere Schutzfaktoren zu stärken, und gibt dir die Möglichkeit, dein Leben selbst zu gestalten. Mit einer realistischen Zukunftsplanung gehen üblicherweise auch ein optimistischer Ausblick und das Erleben von Selbstwirksamkeit einher. Mit folgenden Aktivitäten und Ansätzen kannst du deine Zukunftsplanung trainieren.

Vision Board

Ein Vision Board, auch als Dream Board bekannt, ist eine Collage aus Bildern, Wörtern und auch Zitaten, die deine Träume und Zukunftspläne abbilden. Durch die Gestaltung und Komposition deines Vision Boards kannst du dich dem Thema Zukunft auf kreative Weise nähern und dir während des Prozesses bildhaft vor Augen führen, wie dein angestrebtes Leben aussehen könnte. Zudem dient das Vision Board als Motivation und kann dir dabei helfen, beim Erreichen von langfristigen Zielen am Ball zu bleiben. Als inspirierende Erinnerung führt es uns bildhaft vor Augen, wofür wir uns anstrengen und welche Aspekte uns in unserem Leben wirklich wichtig sind.

Kalender

Das Führen eines Kalenders ist keine große Sache, kann aber wirklich einen maßgeblichen Unterschied beim Gestalten deiner Tage machen: Ganz gleich, ob dich mehr ein kreatives Bullet Journal, ein schicker Planer oder eine moderne digitale Variante anspricht – ein Kalender führt dir vor Augen, welche Aufgaben und Menschen einen Großteil deiner Zeit beanspruchen, wie und ob du Aufgaben immer wieder vor dir her schiebst und wie du generell mit deiner Zeit umgehst. Wenn du gerne gestaltest und eine kreative Ader hast, kann ein Bullet Journal eine tolle Variante sein, um dich dem Thema zu nähern und Struktur in dein Leben zu bringen. Vor allem in Krisensituationen kann man manchmal aus dem Leben herausfallen und neigt dazu, sich nur noch treiben zu lassen – ärgert sich aber anschließend darüber, dass man mit der Zeit nichts angefangen hat. Ein Kalender hilft dir dabei, bei Zielen am Ball zu bleiben und gibt dir mit einigen Highlights im Monat auch die Möglichkeit, mal wieder aktiv Vorfreude zu zelebrieren und deinen optimistischen Blickwinkel zu stärken!

Effektives Zeitmanagement

Ein effektives Zeitmanagement mag auf den ersten Blick etwas trocken wirken, schließt aber direkt an den Kalender-Tipp an. Oftmals tragen Prokrastination (extremes Aufschieben) oder Unentschlossenheit zu innerer Unzufriedenheit bei. Auch das „Verplempern" von Zeit in sozialen Netzwerken oder beim Zappen hinterlässt meist kein gutes Gefühl. Überprüfe mal ein paar Tage, wie du wie viel deiner Zeit verbringst und überlege dir dann, ob du mit einem auf dich und deine Bedürfnisse abgestimmten Zeitmanagement nicht viel mehr aus deinem Leben machen kannst. Damit ist nicht gemeint, dass du jede wache Sekunde deines Lebens produktiv gestalten und dich rund um die Uhr optimieren sollst. Vielmehr geht es darum, dass du dir Zeit für die wirklich wichtigen Dinge nimmst und dich nicht mit nervigen Sachen aufhältst, die dir eigentlich gar nicht gut tun.

Allgemeine Tipps für den Alltag

Schlafhygiene

Schlaf ist sowohl für die mentale als auch die körperliche Erholung sehr wichtig. Wenn wir unausgeschlafen sind, fallen uns kognitive Prozesse schwerer und wir reagieren schneller gestresst. Ohnehin gehen harte Zeiten nicht selten mit einer Beeinträchtigung der Schlafqualität einher. Achte daher darauf, dass du bereits am Abend alles für eine gute und erholsame Nachtruhe vorbereitest:

Wenn dich Gedanken plagen, trage sie laut vor dem Spiegel vor oder schreibe sie auf und lege sie somit bewusst in einer Wach-Phase ab. Du kannst dich ja am nächsten Tag wieder darum kümmern. Sorge für ein wohltemperiertes Schlafzimmer – 18 Grad werden von den meisten Personen als besonders schlaffördernd wahrgenommen – und gestalte es so, dass du dich darin wohlfühlen kannst. Ein kuscheliges Bett mit sauberen Laken in einem aufgeräumten Zimmer ist einladender als eine zerknuddelte Schlafstelle in einem Raum, der hauptsächlich als Rumpelkammer genutzt wird. Sorge für eine ausreichende Belüftung und verteile, wenn du magst, etwas Lavendelduft auf den Kissen. Die letzte Mahlzeit sollte einige Stunden her sein und auch auf das Trinken von koffeinhaltigen Getränken solltest du verzichten. Ein warmer Schlummertrunk, etwa ein Abend-Tee, kann angenehm beruhigen.

Abendroutine

Der Mensch ist ein Gewohnheitstier und fühlt sich in einer Welt, in der sich alles immer schneller ändert, durch Routinen angenehm zentriert. Deine Schlafhygiene kannst du auch durch eine gute Abendroutine verbessern. Überlege dir, wie du am Ende deines Tages am besten zur Ruhe kommst. Vielen Menschen hilft es, schon mal Dinge für den nächsten Tag zu planen, um gedanklich zur Ruhe kommen zu können. Nach dem Badbesuch könntest du eine leichte Yogaeinheit machen – es gibt tolle Videos für Abendyoga – und noch etwas Meditieren. Bist du sehr angespannt, könnte auch ein kleiner Abendspaziergang oder Progressive Muskelentspannung eine lohnende Alternative sein, um die körperliche Anspannung abzubauen. Auch wenn es verlockend ist – versuche, deine Bildschirmzeit am Abend zu begrenzen. Das Bildschirmlicht kann dir das Einschlafen erschweren. Wähle stattdessen eine sanfte Beleuchtung und beschäftige dich mit etwas Kreativem, schreibe Tagebuch, einen Brief oder lies etwas leichte Lektüre. Beruhigende Atemtechniken können dann ebenfalls helfen, die nötige Bettschwere zu erreichen. Probiere aus, was für dich am besten funktioniert, und versuche, es dann eine Weile konstant zu praktizieren. Dein Körper und Unterbewusstsein werden dann mit bestimmten Aktivitäten automatisch das Zubettgehen verknüpfen und wissen, dass jetzt Zeit für Entspannung und Erholung ist.

Morgenroutine

Auch eine Morgenroutine kann dir mehr Stabilität in deinem Alltag schenken und dadurch mehr Raum für andere Dinge geben. Sorge dafür, dass du morgens genug Zeit hast, um in den Tag zu starten, damit nicht gleich direkt nach dem Aufstehen dein Stresslevel in die Höhe schießt. Dies gilt insbesondere dann, wenn du nur langsam in Gang kommst und vielleicht etwas dünnhäutig am Morgen bist. Falls möglich, gönne dir genug Zeit, um dich in Ruhe fertig zu machen, etwas Frischluft zu tanken, ein gesundes Frühstück zu dir zu nehmen und dich auf den Tag einzustimmen.

Als vielbeschäftigte Person kannst du nur leise lachen, wenn du das liest? Du musst keine 2-stündige Morgenroutine, wie die Influencer auf Youtube, daraus machen: Statt einem Spaziergang reichen auch ein paar Atemübungen am offenen Fenster und es muss nicht jeden Tag eine Smoothiebowl sein.

Probiere aus, was für dich und deine aktuelle Lebenssituation passt. So hast du direkt nach dem Aufwachen einen kleinen Abschnitt des Tages, auf den du dich freuen kannst und der dir hilft, die Stimmung für den Tag zu bestimmen.

Unterstützung to go

Body2Brain-Techniken

Body2Brain-Übungen sind Körperübungen der Neurologin Claudia Croos-Müller, die sich über den Körper auf den Gemütszustand auswirken sollen. Eine Mutmach-Übung ist beispielsweise der breitbeinige Stand, bei dem du deine Hände in die Hüften stützt. Dadurch fühlst du, wie stabil, breit und stark du bist und dass dich so leicht nichts umhauen kann. Eine wunderbare Übung für zwischendurch, die du auch in der Öffentlichkeit ganz problemlos umsetzen kannst. Ebenfalls mutmachend ist die Tarzan-Pose, bei der du sanft auf deine Brust trommelst oder die Sieger-Pose, bei der du wie ein Fußballer nach dem entscheidenden Tor die Arme hochreißt. Die solltest du aber vielleicht lieber kurz auf der Toilette als mitten im Büro machen.

Atemtechniken zur Selbstberuhigung

Es gibt verschiedene Atemtechniken, die dir helfen können, ein aufgebrachtes Nervensystem zu beruhigen. Wenn du sehr aufgeregt bist, kann es bereits helfen, deine Atmung bewusst zu verlangsamen und in die Länge zu ziehen. Achte darauf, dass du in den Bauch atmest. Bist du sehr angespannt, kann das mitunter schwer sein – mit etwas Übung in Situationen, in denen du entspannter bist, wird es aber schnell klappen. Eine gute Methode ist die Box-Atmung. Bei der atmest du eine bestimmte Zeit ein, etwa 6 Sekunden, dann hältst du den Atem

3 Sekunden und dann atmest du 7 Sekunden aus, bevor du nach einer Pause von 3 Sekunden wieder von vorne beginnst. Probiere aus, welche Zeiten für dich in welcher Situation passen. Wichtig ist eine gleichmäßige und tiefe Atmung, die dir wieder innere Ruhe und Klarheit schenken wird.

Affirmationen

Wenn du weißt, dass du über den Tag immer wieder etwas Unterstützung gebrauchen kannst, suche dir eine Affirmation aus, die dir ein gutes Gefühl vermittelt. Sie kann kurz und knackig aus einem Wort bestehen – etwa „Kraft" – oder auch ein ganzer Satz sein: „Ich bin ruhig und gelassen."

Wann immer du dich wackelig fühlst, kannst du zu dieser Affirmation zurückkehren und sie dir innerlich vorsagen, um deine Gedanken neu auszurichten und dich zu motivieren. Vielleicht magst du dir auch einen Handywecker mit einer Achtsamkeitsglocke stellen. So kannst du dich in regelmäßigen Abständen daran erinnern lassen und deine Aufmerksamkeit auf deine innere Stärke lenken!

Der Erste-Hilfe-Koffer für akute Krisen

Ganz gleich, wie gut du deine Resilienz trainiert hast – es wird immer wieder Situationen im Leben geben, die dich zumindest kurzfristig überfordern können. Um dieser Wucht an negativen Emotionen dann nicht hilflos ausgeliefert zu sein, kann es sinnvoll sein, dich vorzubereiten, und zwar mit einem Erste-Hilfe-Koffer für akute Krisen. Dieser Notfallkoffer ist dein kleiner Sicherheitsanker, wenn dich die Gefühlswellen wegzutreiben drohen.

Ein solches Köfferchen wird gerne in der psychotherapeutischen Praxis eingesetzt, damit die NutzerInnen sich trotz der akuten Überforderung selbst helfen können. Die erlebte Selbstwirksamkeit kann den Emotionen bereits den ersten Stachel nehmen. Statt kopflos herumzulaufen und dich immer weiter in einem Gefühlswust zu verstricken, kannst du, wenn du merkst, dass es brenzlig wird, deinen Koffer zur Hand nehmen. Darin enthalten sind verschiedene Dinge, die dir bei der Emotionsregulierung helfen können. Du kannst sie ganz nach deinen persönlichen Vorlieben und Erfahrungswerten zusammenstellen. Vielleicht hilft dir ein Knautschball, um Stress wegzukneten, ein schöner Duft, der dich beruhigt, ein kleiner Riegel deiner Lieblingsschokolade, eine Postkarte mit einem schönen Motiv, dein Erfolgsbüchlein oder Karteikarten mit Körperübungen, die du im Falle von Angst, Panik, Trauer oder Wut machen kannst, um dir selbst etwas Gutes zu tun. Auch ein Malbuch, ein Stück Knete oder Origami-Papier machen sich darin wunderbar. Wie wäre es mit einem kleinen Geschicklichkeitsspiel, das dich mal fünf Minuten ablenkt, wenn du von allem eine Pause brauchst? Überlege dir, was dir gut tut, wenn es dir nicht so gut geht, und sorge vor. Allein das Wissen, dass du auf eine Krisensituation vorbereitet bist, kann dir zusätzliche Stabilität verschaffen, wie der Gedanke an eine Versicherung, die im Schadensfall greift. So erlebst du, dass du selbst für dich vorsorgen kannst, auch wenn du in der Akutsituation selbst vielleicht weniger handlungsfähig bist. Nimm dir einen schönen Kasten oder einen alten Puppenkoffer, gestalte einen Schuhkarton oder einen anderen Behälter so um, dass du ihn optisch ansprechend findest, und stelle dir dann deine Werkzeugsammlung zusammen, um für Krisensituationen gerüstet zu sein.

- Was könnte in deinen Erste-Hilfe-Koffer hineinpassen?
- Welche Düfte wirken auf dich beruhigend? Lavendel? Rose, Vanille?
- Kannst du Atemübungen besser allein für dich ausführen oder würde dir eine entsprechende CD mit geführten Übungen helfen, die du hineinlegen kannst?
- Welcher Geschmack wirkt auf dich beruhigend? Etwas Erfrischendes, wie eine Minzpastille? Oder etwas,

dass dich ganz aus dem Moment holt, etwa ein sehr scharfes Bonbon oder ein saurer Lolli, bei dem sich dein Gesicht von ganz allein zusammenzieht?
- Magst du Heißgetränke? Falls ja, würdest du eher einen blumigen Tee, etwas Fruchtiges für Gute-Laune-Vibes oder etwas Schokoladiges bevorzugen?
- Welche Farben sprechen dich an und wirken auf dich beruhigend? Ein kühles, frisches Blau oder ein erdendes, sattes Grün? Oder ist dir in echten Stressmomenten eher nach fröhlichen Farben wie Gelb oder Orange?
- Wie kannst du deinen Tastsinn ansprechen? Würde dir ein Schmeichelstein gefallen oder ein weiches Halstuch? Ein Kuscheltier oder ein Massageigel, über den du mit deinen Füßen rollen kannst?

Arbeite bei der Gestaltung deines Notfallköfferchens mit all deinen Sinnen und denke auch daran, ihn von Zeit zu Zeit an deine aktuellen Vorlieben anzupassen. Bist du viel unterwegs, kannst du dir auch ein Notfallpaket to go zurechtlegen, etwa mit deinen Lieblingsbonbons oder -kaugummis (Kaugummikauen oder das Lutschen von Bonbons kann beruhigend wirken), einem schönen ätherischen Roll-on oder Duftspray, einem Foto oder einem Text, der dich zum Lachen bringt, einem Andenken, das warme Erinnerungen in dir weckt, und einem kleinen Stressball. Diese Sammlung passt in jede Handtasche und macht sich auch in der Schreibtischschublade in deinem Büro gut. Hast du gar keinen Platz, lege dir auf deinem Handy einen Ordner an, mit ein paar Audiodateien mit geführten Meditationen und Entspannungsmusik, einer Gute-Laune-Playlist und Fotos von glücklichen Momenten. So hast du eine digitale Notfall-Kiste, die du nutzen kannst, wenn deine Resilienz in akuten Krisen herausgefordert wird.

Kapitel 6 - Rahmenbedingungen schaffen

Du hast nun einen ganzen Strauß an kleinen und großen Anregungen bekommen, die du dafür nutzen kannst, deine Schutzfaktoren zu aktiveren und damit auch deine Resilienz zu stärken. Darüber hinaus lohnt es sich auch, andere Stolpersteine, die dir beim Ausbauen deiner Resilienz begegnen können, aus dem Weg zu räumen.

Einer davon ist sicher den meisten von uns bekannt: der innere Kritiker! Er zeigt sich in ganz verschiedenen Formen: Als Widerhall der vernichtenden Sprüche des Nachbarn aus deiner Teenagerzeit, als die Stimme deiner Mathelehrerin, die dir immer vorausgesagt hat, dass aus dir sowieso nichts wird, als die vermeintliche Stimme der Gesellschaft, die einer Frau in deinem Alter vorschreibt, dass du dich so zu kleiden hast, so auszusehen hast, diesen Beruf zu machen hast und so leben solltest.

Und dann ist da noch deine eigene innere Stimme, die aus all den Vorwürfen, Empfehlungen, gut gemeinten Tipps, Konventionen, ungeschrieben Regeln, Hänseleien und Kritiken ein inneres Bewertungssystem gezaubert hat, mit dem du dich jeden Tag neu vermisst. Siehst du gut genug aus? Warst du verständnisvoll mit den Kindern? Warst du höflich genug zu den Nachbarn? Bist du dünn / fraulich / intelligent / hart /

erfolgreich / selbstbewusst / lustig / charmant / sexy genug, um diese Hose zu tragen / Spaß zu haben / dich um diesen Job zu bewerben / dein Gegenüber um ein Date zu bitten?

Nicht immer ist es leicht, den inneren Kritiker als solchen zu erkennen, denn bei vielen von uns schnattert er so automatisiert los, dass wir uns gar nicht vorstellen können, anders zu denken, und es uns so vorkommt, als wäre das tatsächlich zu 100 Prozent wahr und das, was wir selbst von uns denken.

Halte einen kurzen Moment inne und stelle dir folgende Fragen:

- Von welcher Stimmlage wird dein innerer Monolog bestimmt?
- Hast du einen starken inneren Kritiker?
- In welchen Situationen oder bei welchen Themen wird er besonders laut?
- Sind dein innerer Kritiker und du manchmal unterschiedlicher Meinung? Auf wen hörst du dann?
- Stammen die Aussagen deines inneren Kritikers von dir oder hast du sie unbewusst übernommen? Achte mal auf die Wortwahl und die Stimmlage! Erinnert dich das an deine Kollegin, deinen Lehrer oder deine nörgelnde Tante Agnes?
- Würdest du so, wie dein innerer Kritiker mit dir redet, auch mit deiner Tochter oder deiner besten Freundin reden?

Vor allem die letzte Frage würden die meisten von uns ganz erschrocken mit einem entschiedenen und klaren NEIN beantworten. Natürlich würden wir so niemals mit unserer Tochter reden. Wie sollte sie so ein gesundes Selbstbewusstsein aufbauen? Wie sollte sie sich so lieben und annehmen und stolz auf sich sein können? Natürlich würden wir so nie mit unserer besten Freundin reden! Wir sind ehrlich mit ihr, klar, und wir weisen sie auf Fehler hin, aber auf konstruktive und liebevolle Art! Wie eine echte Freundin eben.

Die große Frage ist dann jedoch: Wieso reden wir so mit uns? Wie wollen wir auf der einen Seite Resilienz aufbauen und auf der anderen dann all das tun, was unserer seelischen Widerstandsfähigkeit schadet?

Dem inneren Kritiker begegnen – aktiv neue Gedankenwege beschreiten

Dem inneren Kritiker begegnen, sich bewusst zu machen, was zu ihm gehört und was zu dir, und dann den Entschluss treffen, aktiv neue Gedankenwege zu beschreiten, ist ein erster Schritt aus diesem Schlamassel hinaus. Das hört sich vielleicht erst mal unvorstellbar an, aber genauso, wie du dich an einen Arbeitsweg gewöhnen kannst, so kannst du dir auch neue Gedankenmuster angewöhnen. Hast du einen sehr lauten inneren Kritiker, wird es mitunter länger dauern – insbesondere dann, wenn er schon sehr lange bei dir zu Gast ist und du ihn möglicherweise bereits von deinen Eltern oder Lehrern übernommen hast.

Es erfordert einiges an mentaler Anstrengung, wenn du dir automatisierte Prozesse bewusst machen musst, und es ist nur natürlich, dass du gerade in stressigen Situationen, in denen deine Konzentration woanders liegt, auch wieder in alte Muster fällst. Aber es sind eben nur Muster, die du ändern kannst. Starte erst mal im Kleinen. Achte darauf, wann der innere Kritiker sich zu Wort meldet, und beobachte, was passiert. Wie verändert sich deine Stimmung? Wie wird deine Interaktion mit anderen beeinflusst? Wie wirkt sich das Ganze auf deine Schutzfaktoren aus?

Du musst noch nichts verändern, nur beobachten. Bekomme ein Gefühl für das was passiert und sensibilisiere dich für die Prozesse, die dann nach Schema F ablaufen. Hast du einen guten Überblick bekommen, überlege dir eine Gegenstrategie. Sprich ein lautes oder inneres Nein aus, wenn dein innerer Kritiker zu mosern anfängt, weigere dich, ihm zuzuhören, verpass ihm eine Micky-Maus-Stimme, um das Komische an der Situation zu sehen, bleibe aktiv im Guten, stelle einen positiven Gedanken daneben, um das Negative zu entkräften.

Probiere verschiedene Arten aus, dem inneren Kritiker zu begegnen und sei hartnäckig. Sei entschlossen, dich nicht mehr von ihm gängeln zu lassen. Das Wichtigste: Konzentriere dich dabei auf das Gute: Lege dir positive Kontersätze zurecht, platziere Smiley-Post-Its in deinem Büro, stell dir einen Achtsamkeitswecker, der dich daran erinnert auf deine Gedanken zu achten. Das gleiche gilt übrigens auch für die Art, wie du sprichst: Ebenso verhält es sich mit dem Nörgler oder dem Zweifler.

Umgang mit Mitmenschen während des Prozesses

Stolpersteine beim Entwickeln der eigenen Resilienz können auch in menschlicher Form daherkommen. Mitunter sind die Reaktionen von anderen während deines Prozesses gar nicht böse gemeint, sondern sind das Produkt von Gedankenlosigkeit oder Unachtsamkeit. Trotzdem können sie dich – gerade wenn du erst ganz am Anfang stehst und damit beginnst, deine Resilienz auszubauen – verunsichern.

Das kann sich so äußern, dass Leute dir sagen, du sollest dich da mal nicht übernehmen, sondern einfach akzeptieren, dass du eben empfindlich bist. Oder hochsensibel. Oder eine Mimose. Und da könne alles Training der Welt nichts dran ändern.

Es ist richtig, dass deine Persönlichkeitsmerkmale bis zu einem gewissen Grad fest zu dir gehören. Aber wie du be-

Kapitel 6 - Rahmenbedingungen schaffen

reits weißt, ist Resilienz kein festes Merkmal, sondern eher eine dynamische Einheit aus verschiedensten Faktoren, die du sehr wohl trainieren kannst. Vielleicht gibt es auch ein paar schnippische Bemerkungen, weil du nicht mehr so funktionierst, wie dies früher der Fall war. Wenn du jetzt mehr in deine Zukunftsplanung und das Setzen und Erreichen von realistischen Zielen investierst, wirst du möglicherweise weniger Zeit haben, im Büro weiterhin nebenbei die ungeliebten Extraaufgaben zu übernehmen. Das ist natürlich eine Veränderung, die den Kollegen möglicherweise erst mal nicht gefallen wird. Suche dir eine Verbündete, um die blöden Sprüche besser zu ertragen, falls es dir nicht möglich ist, das Ganze zu thematisieren. Wenn du kannst, sprich die Person direkt drauf an und sage ihr, dass du jetzt so viele Monate den Kaffee gekocht und die Teeküche aufgeräumt hast, dass die Aufgabe nun gerne jemand anderes übernehmen darf. Diese klare Ansage funktioniert auch bei Nachbarn, die plötzlich verschnupft reagieren, wenn man sich nicht mehr alles gefallen lässt, oder Familienmitgliedern, die einen nicht mehr beliebig einspannen können, weil man eigene Ziele verfolgt.

Wenn du dich abgrenzt, kann das auf andere zunächst einmal befremdlich und vielleicht sogar ablehnend wirken. Liegt die Person dir am Herzen, gehört sie zu deinem engen Kreis und kann sie mit der Information umgehen, weihe sie in dein Projekt ein und bitte sie vielleicht sogar um Unterstützung.

Möglicherweise hat sie ja auch selber Lust, ihre Resilienz zu stärken, und schließt sich dir an.

Weißt du, dass du nur Gegenwind von einem Menschen zu erwarten hast, du ihn aber gern hast, kannst du ihm klarmachen, dass sich nun einiges ändern wird, dies aber nicht die Zuneigung, die du für ihn hast, beeinträchtigt, und dass du dich weiterhin auf gemeinsame Zeiten freust. Bedanke dich am besten gleich auch vorab für die Unterstützung und hole ihn so indirekt mit ins Boot, ohne ihn genau einzuweihen. So kannst du ihn einbinden und er muss sich nicht außen vor gelassen fühlen, ohne dein zartes Pflänzchen Resilienz im Wachstum zu gefährden.

Bei Menschen, die nicht zu deinem inneren Kreis gehören, bist du keinesfalls verpflichtet, irgendwas zu sagen. Gerade Frauen neigen dazu, sich erklären zu wollen. Aber du bist niemandem Rechenschaft schuldig und musst auch niemandem genaue Auskunft darüber geben, welche Entwicklungsprozesse in deinem Inneren vorgehen. Biete Leuten, die alles schlecht reden und mies machen, gar nicht erste eine Bühne, sondern hüte dein kleines Resilienz-Projekt wie einen Schatz.

Kapitel 7 - Dein Potenzial bestmöglich entfalten

Eine stabile Resilienz in dem dir möglichen Rahmen zu entwickeln ist also auf vielerlei Wegen möglich und ein sehr persönlicher Prozess. Dieser ist in dem Sinne nie abgeschlossen, sondern bietet immer wieder Raum für eine persönliche Weiterentwicklung.

Die vielfach erwähnte Idee, eine Krise als Chance zu betrachten, kannst du mit der Kraft der Resilienz viel leichter umsetzen. Das liegt auch daran, dass du als Mensch, der seine Resilienz beständig schult und stärkt, einen ganz anderen Blickwinkel auf Herausforderungen haben wirst.

Hast du entsprechende Schutzfaktoren, wie du sie im Kapitel „Kann man Resilienz lernen?" kennengelernt hast, ausgebaut, wirst du in Stresssituationen gelassener bleiben können und es wird dir auch leichter fallen, Dinge nicht persönlich zu nehmen und eine gesunde Fehlerkultur aufzubauen. Dadurch wirst du insgesamt souveräner im Umgang mit Herausforderungen – sei es im beruflichen oder familiären Kontext. Diese Souveränität wird auch deinen Mitmenschen auffallen und sich auf die Interaktionen von ihnen mit dir auswirken.

Dabei muss es sich gar nicht mal zwingend um dramatische Schicksalsschläge wie eine Scheidung oder eine schwere

„Ich schaffe das!"

Erkrankung handeln, sondern kann sich auch bei den kleinen und großen Widrigkeiten und Beschwerden im Alltag zeigen: In eurem Team soll ein neues Projekt umgesetzt werden, was allerdings etwas gewagt ist und einige Risiken mit sich bringt. Was glaubst du, wen würde die Leitung lieber in ihrem Team haben? Diejenige, die die gesamte Zeit Probleme ohne Lösungen beschreibt, oder diejenige, die die Risiken berücksichtigt und gleichzeitig viele Ideen und Lösungsansätze präsentiert und diese auch zuversichtlich umsetzen möchte?

Oder denk an die große Feier, die du zum Hochzeitsjubiläum deiner Eltern organisieren willst. Deine Schwester gibt zu bedenken, dass deine Mutter doch manchmal gar keine Überraschungen möge, es regnen könne und eine Gartenparty daher vielleicht doch nicht so gut sei und dass ja auch jemand krank werden könne und fragt, was es überhaupt zu Essen geben solle, bei all den Allergikern und überhaupt? Du kannst dich auch noch genau daran erinnern, wie du selbst so geredet hast, damals bei der Planung der Silberhochzeitsfeier. Aber jetzt, mit dem richtigen Rüstzeug in der Tasche, kannst du gelassen mit Herausforderungen kleiner und auch größerer Art umgehen. Du weißt, dass du gar nicht gegen etwas ankämpfen oder dich in Problemen verlieren willst, sondern deine Fähigkeiten und Fertigkeiten nutzen willst, um auf Dinge hinzuarbeiten, die dir gefallen, die dir gut tun. Du fragst deine Mutter, bevor du dir die ganze Arbeit machst, ob sie überhaupt eine Party will, und du stellst einen Pavillon auf, falls es doch einen Schauer geben sollte. Wer kommen kann, wird kommen und statt selbst für alle Gäste mit ihren Essgewohnheiten etwas Passendes zu zaubern, bittest du um das Beisteuern eines Gerichts für das Buffet inklusive Zutatenliste, sodass jeder Gast etwas Geeignetes für sich finden wird. Du nutzt hier also gezielte Planung, Einbinden von sozialen Kontakten, Realitätsprüfung – du allein wirst nicht für alle etwas Passendes kochen können –, Problemlösekompetenzen und auch viele weitere Dinge, die mit einer stabilen Resilienz einhergehen. Und schon wird aus einem Event, bei dem du früher bloß beim Erwähnen der Planung schon Schweißtropfen auf der Stirn gehabt hättest, zu einem rundum handhabbaren Ding, bei dem sogar etwas Vorfreude und Planungsspaß aufkommen können.

Da du mit den kleinen und großen Widrigkeiten und unerwarteten Krisen des Alltags besser umgehen kannst, bleibt mehr Kraft für dich und all das, was dir in deinem Leben wichtig ist.

Du kannst deine Energie ganz anders einsetzen und dich dadurch auch in herausfordernden Phasen deines Lebens immer noch ein klein wenig darum kümmern, dass es dir trotz allem gut geht.

Die Frage „Was tun, wenn es mir schlecht geht?" ist nämlich plötzlich beantwortbar geworden, weil du Kapazitäten übrig hast, wenn du dich nicht mehr komplett in Emotionen oder Problemen verlierst oder von diesen mit einer unerwarteten Wucht vom Hocker gehauen wirst.

Wirst du hingegen vollständig von Wut, Trauer oder Schmerz niedergedrückt, wirst du kaum aktiv überlegen können, wie du dich jetzt bestmöglich um dich kümmern kannst, oder in der Lage sein, eine andere Perspektive einzunehmen und zu versuchen, das Gute an dem Ganzen zu sehen.

Mit einer stabilen Resilienz kannst du Krisen hingegen ganz anders betrachten und angehen. Ja, auch als resilienter Mensch läuft man nicht nonstop über eine sattgrüne Blümchenwiese, tanzt mit den Elfen um die Wette und kann so viel Schokolade essen, wie man will. Eine Trennung wird uns immer noch weh tun – aber wir werden nach den ersten Tagen der Trauer in der Lage sein zu erkennen, dass es auch andere Optionen in unserem Leben gibt, um unser Lebensglück zu zelebrieren, und wir werden vor allem nicht dazu neigen, unser Lebensglück von einer anderen Person abhängig zu machen. Wir wissen, dass wir selbst für uns und unser Lebensglück verantwortlich sind, und auch wenn es schmerzt, eine liebgewonnene Person gehen zu lassen – ganz gleich, ob es sich um eine Freundschaft, ein Familienmitglied oder eine Liebe handelt –, können wir auf uns selbst vertrauen.

Und wir wissen, dass andere Menschen in unser Leben treten werden, mit denen wir ebenfalls schöne und berührende Momente erfahren werden, und dieser Verlust nicht bedeutet, dass wir für immer und ewig allein sein werden oder uns niemand mag. Schwarzmalerei und das Katastrophisieren von Zukunftsvisionen haben so einen schweren Stand, denn ihnen stehen ein gesunder Optimismus und auch ein realistischer Abgleich mit unserem echten Leben gegenüber sowie die Bereitschaft, an das Gute und die eigene Selbstwirksamkeit zu glauben.

Eine schwere Krankheitsdiagnose wird uns natürlich aus unserem gewohnten Alltag reißen, uns verunsichern und zunächst emotional überfordern – aber wir werden irgendwann in der Lage sein, Schritte einzuleiten, um uns mit dieser Krankheit zu arrangieren, uns Hilfe zu holen und trotzdem noch die für uns zugänglichen guten Dinge zu genießen. Wir verfallen nicht in eine Schockstarre und lassen unser Leben vor uns zusammenbrechen, ekeln Freunde aus unserem Leben oder geben uns auf. Wir warten auch nicht auf Rettung von außen oder verfallen in die Opferrolle, bei der sowieso immer alles Schlechte uns passiert und es ja klar war, dass es uns irgendwann „erwischt". Stattdessen versuchen wir zu sehen, welche Behandlungsmöglichkeiten es gibt, anzuerkennen, dass wir in einem Land mit sehr weit fortgeschrittener medizinischer Forschung leben und es Mittel und Wege gibt, unser Leben auch mit Krankheit lebenswert zu gestalten. Dadurch wird die Krankheit nicht verschwinden – aber wir können besser damit umgehen und sie und ihre Auswirkungen ertragen. Resilienz bei Krankheit ist ein sehr wichtiges Thema, zu dem du im nächsten Abschnitt noch mehr erfahren wirst, wenn du möchtest.

Ein Jobverlust mag sowohl unser Selbstbewusstsein als auch unseren Finanzhaushalt erschüttern – aber wir können ihn entweder so sehen, dass wir versagt haben, nichts wert sind und nie wieder eine Arbeit finden werden, oder wir können diese schwere Zeit dazu nutzen, uns neu zu orientieren und möglicherweise sogar etwas zu finden, was viel besser zu uns und unserem jetzigen Leben passt. Dadurch können wir das Geschehene nicht verändern, aber wir können aktiv auf unsere Zukunft einwirken, unser Erleben im Hier und Jetzt aufs Handeln fokussieren und uns dazu bringen, den Silberstreif am Horizont nicht aus den Augen zu verlieren.

Aus schweren Zeiten gestärkt hervorgehen zu können, hat sehr viel mit Akzeptanz, realistischen Erwartungen, Emotionskontrolle, einem gesunden Optimismus und Selbstwirksamkeit zu tun. Die Kunst, nicht gegen etwas anzukämpfen, was wir nicht ertragen wollen, aber auch nicht ändern können, sondern stattdessen auf etwas Positives hinzuarbeiten, ist mit einer gestärkten Resilienz viel einfacher umsetzbar.

Viele der genannten Schutzfaktoren machen sich übrigens auch abseits der kleinen und großen Krisen positiv bemerkbar. Zu den Möglichkeiten, die die Resilienz eröffnet, gehören, neben mit den Widrigkeiten des Alltags oder größeren Schicksalsschlägen umgehen zu können, auch ein guter und entspannter Umgang mit deinen Mitmenschen. Dadurch, dass du gelassener bist, weniger empfindlich auf unbedachte Fehltritte anderer reagierst und eine gesunde Mischung aus Distanz und Nähe leben kannst, bist du in deinen Beziehungen mit anderen frei und eigenständig und gerätst weder in die Rolle der anhänglichen Freundin noch des Kummerkastens oder der passiv-aggressiven Freundin, die sich anders nicht zu helfen weiß. Auch im Umgang mit deinem Herzensmensch und mit deinen Kindern wird sich diese Sozialkompetenz und innere Gelassenheit deutlich zeigen und für mehr Frieden und Harmonie bei euch zuhause sorgen.

Resilienz in der Familie

Wenn du besser für dich sorgen und klarer kommunizieren kannst, hast du mehr innere Stärke und diese Stärke strahlst du nach außen aus. Du kannst deinen Liebsten ganz anders begegnen, wenn du deine Schutzfaktoren regelmäßig stärkst und um deine innere Widerstandsfähigkeit weißt.

Deine Kinder und dein Lieblingsmensch profitieren gleich auf mehrere Arten davon: Kinder lernen am Vorbild. Wenn sie sehen, dass Mama sich in Krisensituationen nicht an andere hängt, hysterisch durch die Gegend rennt oder unfähig wird, selbst etwas zu tun, sondern aus eigener Kraft Veränderungen einläutet, die die Lage verbessern, dann ist es wahrscheinlich, dass sie eher die hilfreichen Muster und Einstellungen übernehmen, als die, die einer stabilen Resilienz abträglich sind.

Nimmst du dir auch immer wieder etwas Zeit, um deine Schutzfaktoren zu stärken, und gestaltest du das Familienleben mit gesunden Routinen und einer Balance der Stützpfeiler des Wiener Modells, wachsen die Kleinen mit guten Voraussetzungen auf, um ihre Schutzfaktoren ebenfalls auszubilden. Zudem lernen sie dann, dass es gut und richtig ist, sich um sich selbst zu kümmern. Gerade unter den Frauen sind ja viele noch in dem Glauben aufgewachsen, dass sie ihre eigenen Bedürfnisse zurückstellen und sich um andere kümmern müssen. Du weißt, dass – genau wie im Flugzeug, wo man sich zuerst selbst die Sauerstoffmaske aufsetzen soll, um dann anderen helfen zu können – Selbstliebe und Selbstfürsorge an erster Stelle stehen sollten, und genau das kannst du deinem Nachwuchs vermitteln. Die Stimmung bei euch wird entspannter und gelassener sein und Stress wird sich nicht gleich zu einer riesigen Krise auswachsen und den Familienfrieden erschüttern, da ihr alle wisst, wie man am besten damit umgeht.

Auch die Beziehung zum Lieblingsmenschen wird durch das Ausbauen deiner Resilienz meist deutlich harmonischer, da du ihn nicht für dein Lebensglück verantwortlich machst, du insgesamt gelassener bist und gut für dich selbst sorgen kannst. Somit lastet kein hoher Erwartungsdruck auf ihm und es führt kein Klammern oder Abkapseln deinerseits dazu, dass die empfindliche Balance zwischen Nähe und Selbstständigkeit gestört wird. Ihr könnt euch als gleichberechtigte Partner sehen und gemeinsam euer Lebensglück genießen.

In der eigenen Kernfamilie nehmen wir auch nach vielen Jahren oft unbewusst die Rolle ein, die wir als Kind hatten. Mit einer stabilen Resilienz kannst du dich davon lösen und den Begegnungen mit deiner Familie mit einer neuen Offenheit und einem neuen Optimismus entgegen sehen. Du kannst gut für dich sorgen und wirst dich nicht so rasch von familieninternen Dynamiken gefangen nehmen lassen. Typische Stress-Potentiale können so sicher umschifft werden. Das gilt sowohl für den Umgang mit deinen Eltern als auch mit deinen Geschwistern und sorgt auch hier für mehr Harmonie im Miteinander. Das Fokussieren auf die schönen Momente wird dafür sorgen, dass du entspannter wirst und das Gute mehr genießen kannst. Auch dies bekommen deine Kinder übrigens mit. Statt „Mama ist immer so gestresst, wenn Onkel Kilian mit den Kindern kommt!" registrieren sie dann, dass du locker und gelöst bist und deinen Bruder auch mal verbal in die Schranken weist, wenn es nötig ist. Das Aufzeigen von Grenzen ist nicht nur für dich, sondern auch für die Kleinen enorm wichtig und hilft ihnen dabei, selbst ein Gespür dafür zu bekommen und zu lernen, wie und wann man erfolgreich seinen eigenen Raum schützen sollte.

Wie gesagt: Resilienz bedeutet nicht, dass du jetzt alle Befindlichkeiten deiner Lieben und jede Laune deines Umfeldes hinnehmen musst, aber wenn das Kind mit schlechter Laune nach Hause kommt, weil die Mathearbeit doof gelaufen ist, der beste Freund keine Zeit zum Spielen hat und es dann noch schrecklichen Blumenkohl zum Essen gibt, dann weißt du, dass das nichts mit deinen Kochkünsten zu tun hat, und kannst dir deinen Teil denken, statt dich angegriffen oder als

Rabenmutter der Nation zu fühlen, weil du deinem Nachwuchs absichtlich Gemüse auf den Teller lädst.

Eine innere Unabhängigkeit, die Gewissheit, dass du eine eigenständige Person bist, die so wie sie ist, genau richtig, wichtig und gut ist, gibt Kraft und ist obendrein eine wunderbare Form der Liebe, die leicht mit anderen zu teilen ist. Weißt du um deine Unabhängigkeit, kannst du deine Stärken und Schwächen realistisch einordnen, weißt du, wie du dich gut um dich kümmern kannst, und forderst du dir auch das Recht ein, dich wichtig zu nehmen, dann kannst du eine Selbstannahme erleben, die von Selbstliebe und Selbstfürsorge getragen wird und in alle anderen Bereiche deines Lebens ausstrahlen wird. Und somit ist die Resilienz nicht nur ein gutes und verlässliches Schutzschild während der Schreckensmomente deines Lebens, sondern auch im Alltag eine tolle Begleiterin!

Resilienz bei chronischen Erkrankungen

Wie bereits in dem Abschnitt zuvor erwähnt, kann Resilienz dich nicht vor den Widrigkeiten des Lebens schützen. Sie vermag nichts daran ändern, ob und wann du eine Diagnose bekommst, die dein Leben auf den Kopf stellt oder es womöglich gar gefährdet.

Wer mit einer schweren Krankheit konfrontiert wird, fällt aus seinem normalen Rahmen – nichts ist mehr verlässlich, nichts ist mehr selbstverständlich. Stattdessen warten andere Dinge und Gefühlsregungen, etwa Ungewissheit, Angst, vielleicht Schmerzen, Bedrohung, Trauer, Wut, Unverständnis. Wieso bekomme ich diese Diagnose? Ich habe doch immer Sport gemacht, nie geraucht, sogar Yoga gemacht. Ich habe so gesund gelebt! Warum ich? Was, wenn das immer schlimmer wird? Was, wenn sich die Ärzte irren, und es noch viel tragischer ist als angenommen? Bedeutet das jetzt, dass ich keine Kinder bekommen sollte? Kann ich meinen Beruf noch ausüben? Werde ich eine zu große Belastung für meinen Lieblingsmenschen sein? Sollte ich mich ihm zuliebe trennen? Welche Behandlung ist die beste? Macht es Sinn, sich behandeln zu lassen?

Unsicherheiten, Ängste, innere Zweifel und Wut können sich gegenseitig verstärken und in ein lähmendes Gedankenkarussell ausarten. Wenn dann auch noch das Umfeld mit vermeintlich hilfreichen Ratschlägen an einen herantritt, selbst mit dem Schock fertig werden muss und nicht wie erhofft Hilfestellung geben kann oder nicht die, die man benötigt, dann kann es passieren, dass sich darüber hinaus auch Spannungen im Kreise der Familie, mit den Freunden oder den Kolleginnen einstellen. Weil man irritiert, verängstigt, gereizt, unfair ist – und das aus verständlichem Grund.

Vor allem Menschen mit unsichtbaren chronischen Krankheiten stehen immer wieder vor dem Problem, sich für ihre Einschränkungen rechtfertigen zu müssen. „Was? So jung und Arthritis? Das ist doch eine Alte-Frauen-Krankheit. Du machst nur nicht genug Sport, deshalb tun dir die Gelenke weh!" „Endometrio-was? Jede Frau hat Regelschmerzen, da muss man doch nicht so ein Fass aufmachen! Wir sind aber auch wehleidig heute!" „Depression? Dann geh doch mal raus an die frische Luft! Würde ich immer nur im Bett liegen, wäre ich auch depressiv!"

Unwissenheit und Unverständnis genau wie Misstrauen, ob du auch wirklich etwas hast und nicht nur simulierst, können dir deine ohnehin schon herausfordernde Situation deutlich erschweren. Weil du nicht nur die Symptome deiner Krankheit erleben und immer wieder deine Psyche auf Zack halten musst, um die Diagnose und die Krankheit mit all ihren Auswirkungen auf dein körperliches und seelisches Wohlbefinden zu akzeptieren und anzunehmen, sondern weil du auch gebetsmühlenartig gegen den Widerstand und die Skepsis von außen ankämpfen musst.

Dies kann sich auch durch gut gemeinte, aber schlecht gegebene Hilfestellung zeigen: Etwa, wenn deine Tante deine Medikamente als giftig bezeichnet und dir zu Kräutertinkturen rät oder deine Nachbarin empfiehlt, du solltest einfach Weizen weglassen, dann wäre deine Atemwegserkrankung bestimmt vorbei. Aber es können auch schnippische Bemerkungen sein, die dir vorhalten, du solltest dich doch einfach zusammenreißen oder du würdest dich einfach nur nicht genug bemühen.

Die meisten von uns, die sich mit einer chronischen Krankheit auseinandersetzen müssen, tun alles Erdenkliche, um ihre Situation zu verbessern. Zum einen, weil es einfach keinen Spaß macht, körperlich oder seelisch eingeschränkt zu sein, Schmerzen zu erleiden oder zu sehen, dass die eigenen Fähigkeiten krankheitsbedingt nachlassen, zum anderen, weil wir immer noch in unser normales Umfeld eingebunden sind und irgendwie funktionieren wollen und müssen. Wir müssen weiter arbeiten, solange wir können, und wir wollen arbeiten, weil wir finanziell unabhängig sein möchten und unseren Job vielleicht auch als erfüllend ansehen. Wir wollen Freundin, Mutter, Tochter, Ehefrau, Geliebte, Sportlerin, Drummerin, Laienschauspielerin sein – aber wie, wenn schon das Aufstehen so schwer fällt, als hätte man einen Hundertmeterlauf hinter sich? Hat man die Anfangsphase, in der man den neuen Status Quo nicht als solchen akzeptieren kann, hinter sich gebracht, kann es trotzdem sein, dass man immer wieder auf Unverständnis trifft – sowohl bei anderen als auch bei sich selbst. „Ach, du liegst SCHON WIEDER flach? Da weiß man ja gar nicht mehr, ob man dich überhaupt noch einladen soll!" „Frau Müller, was können wir denn heute für Sie tun? Tut's mal wieder weh?" „Meine Güte, einen Hausputz solltest du ja wohl schaffen – du bist 35! Jetzt beweg dich. Dann tut das Atmen halt weh. So schlimm kann es ja nicht sein – du lebst ja noch!".

Uff, ganz schön viel, was dich da neben deinen körperlichen Symptomen auch noch psychisch begleitet, oder? Erinnerst du dich an den Freund aus dem ersten Kapitel? Der, der sich den Ausspruch „Schmerz ist unvermeidlich. Leiden ist freiwillig." zum Motto genommen hat, als er seine Diagnose bekam und sich in ein Leben mit einer chronischen Krankheit fügen musste.

Er hätte sich voll und ganz in ein Leben voller Leid einigeln können, aber er hat alles Mögliche unternommen, um sein Leben im Rahmen seiner neuen Beschränkungen so zu gestalten, wie er es für sich wollte.

Du hast bereits erfahren, dass eines der Resilienz-Modelle, das Resilienz-Modell aus Wien, auf die gute Balance zwischen Mind, Move und Food hinweist. Der Ansatz, diese drei Aspekte – also mentale Hygiene, ausreichend Bewegung und gesundes, nahrhaftes Essen – als Eckpfeiler einer stabilen geistigen und körperlichen Gesundheit zu sehen, kann dir auch helfen, wenn du unter einer psychischen oder physischen Erkrankung leidest. Nur allzu leicht lässt man sich in Versuchung führen, sich nach der Diagnose einer chronischen Krankheit nicht mehr richtig für ein harmonisches Zusammenspiel der drei Punkte einzusetzen. Da drängen sich ähnliche Muster auf wie bei einer Diät – jetzt habe ich den Schokoriegel gegessen, dann ist die Pizza auch egal. Dass es so aber eigentlich nicht ist, weißt du natürlich selbst. Und auch wenn dein Körper, deine Seele eine zusätzliche Belastung durch eine chronische Erkrankung verarbeiten muss, so profitieren doch beide davon, wenn du sie stärkst, wo du kannst: Mit gesundem Essen in ausreichender Menge, moderater Bewegung im Rahmen deiner Möglichkeiten und mentaler Hygiene – also beispielsweise ausreichend Pausen, Optimismus und positiven Gedanken.

Stehst du ganz am Anfang dieses neuen Lebensabschnitts, hilft es dir vielleicht, die verschiedenen Phasen mit Hilfe deiner Schutzfaktoren zusammen anzugehen.

Die Diagnose – Annehmen, was ist

Die wichtigste und mitunter auch schwierigste Aufgabe zu Beginn deiner Diagnose ist sicher die Akzeptanz.

Akzeptanz

Du hast bereits mehrfach gelesen, warum Akzeptanz so wichtig für dich bei dem Umgang mit Krisen ist. Wer Probleme ignoriert, kann sie in der Regel nicht angehen und mitunter werden sie dadurch sogar noch schlimmer. Auch das Herunterspielen oder Auf-die-leichte-Schulter-Nehmen ist mit Resilienz nicht gemeint. Probleme negieren ist ebenso keine Option wie das Katastrophisieren der nun gegebenen Umstände. Vielmehr geht es darum anzunehmen, was jetzt in dem Moment ist, so wie es ist. Natürlich wäre es anders schöner, aber wenn wir uns darum bemühen, eine Situation möglichst realistisch, vielleicht auch erst mal etwas von außen zu betrachten, kann das dabei helfen, den nächsten Schritt anzugehen.

Realistische Zukunftsvisionen ausmalen

Nur wenn du dich wirklich den Fakten stellst, genau weißt, um was es geht und was dich vermutlich erwartet, kannst du produktiv in die Zukunftsplanung gehen. Dafür sind Informationen nötig, die du dir von den Behandlern und aus anderen Quellen holen solltest. Scheue dich nicht, auch eine zweite Meinung einzuholen und lasse dich nicht mit plakativen Aussagen abspeisen. Du bist verantwortlich für dein Wohl!

Handeln und das aktive Umsetzen von Dingen

Statt in einer Schockstarre zu verharren und die Dinge einfach passieren zu lassen, ist es wichtig, aktiv zu bleiben. Sicher bremsen dich je nach Erkrankung Psyche, Körper oder beides aus. Aber du hast immer noch einen Handlungsspielraum, indem du selbst aktiv sein kannst. Hier ist es wichtig, entschlossen in die Aktion zu gehen und zu schauen: Was kann ich tun, um meine Lage so angenehm wie möglich zu gestalten? Was brauche ich dazu? Was hilft mir?

Lösungsorientiert denken

Versuche lösungsorientiert zu denken, statt dir all die Schreckensszenarien auszumalen, die jetzt auf dich zukommen können. Das hilft dir sowohl in diesem akuten Moment als auch in der Zukunft, weil du nicht versuchst, etwas zu verhindern, was nicht in deiner Macht liegt, sondern auf etwas hinarbeitest, das dir möglich ist.

Sich Unterstützung sichern

Achte darauf, wer dir im Moment gut tut und wer auch in der Lage ist, mit deiner Diagnose umzugehen. Nicht jeder muss davon erfahren und nicht jeder ist in der Lage, dir so zu helfen, wie du es brauchst. Zudem solltest du nicht vor die Herausforderung gestellt werden, dich auch noch um das Wohl der anderen zu kümmern, wenn sie von deiner Erkrankung hören – außer natürlich es sind deine Kinder.

Realistisch bleiben

So schwer es auch fallen mag, bleibe realistisch, aber erwarte in dem Rahmen das Beste. Das mag nicht immer leicht sein, aber es steigert insgesamt deine Stimmung und jede Form der positiven Emotion ist jetzt besonders wichtig. Kennst du den Spruch: „Ich freue mich, wenn es regnet. Wenn ich mich nicht freue, regnet es nämlich trotzdem weiter"? So ähnlich verhält es sich auch jetzt. Du hast diese chronische Erkrankung, egal, ob du dich um positive Gefühle bemühst oder nicht, aber mit den positiven Gefühlen ist das Ganze besser auszuhalten. Damit ist nicht gemeint, dass du jetzt als strahlendes Honigkuchenpferd durch die Gegend laufen sollst und nicht zu der aufkommenden Trauer, Wut oder Verzweiflung stehen darfst. Achte darauf, was sich da für Gefühle aufdrängen. Nicht selten schiebt sich die Schuld als Alibigefühl dazwischen. Nutze deine Schutzfaktoren und erteile dem Schuldgefühl gleich eine Absage. Es tut nichts zur Sache, ob du aufgrund X oder Y krank geworden bist, und es nützt dir gar nichts, dich jetzt dafür zu zerfleischen. Du kannst aus Fehlern lernen und solltest du feststellen, dass du dich bisher zu wenig um dich selbst gekümmert hast, kannst du jetzt dem nächsten Punkt einen besonderen Stellenwert in deinem Leben verleihen.

Selbstfürsorge

Achte gut auf dich und deine Bedürfnisse. Ernähre dich gesund. Eine entzündungshemmende Ernährung könnte deiner Ärztin zufolge Vorteile bringen? Versuche es. Vielleicht wird es tatsächlich besser! Falls nicht, kannst du wieder zu deiner alten Ernährungsform zurückkehren. Aber lehne nicht jede Form von Selbstfürsorge ab, weil sie bei dir ja eh nichts bringen wird. Viele der genannten Schutzfaktoren stärken deine Resilienz abhängig vom Umfang und der Regelmäßigkeit, mit denen du sie einsetzt. Ganz platt gesagt: Isst du einen Apfel in deinem Leben, ist das schön und gut, aber dein Immunsystem profitiert erst wirklich davon, wenn du dich abwechslungsreich und ausgewogen ernährst und du deinem Körper alle erforderlichen Nährstoffe, Vitamine und Mineralien zur Verfügung stellst. Integrierst du aber nach und nach drei zusätzliche Obst- und Gemüsemahlzeiten, dann kann dein Körper ganz anders damit arbeiten.

Die ersten Wochen – eingewöhnen

Die ersten Wochen nach der Diagnose solltest du dir Zeit geben, um dich an die neue Situation zu gewöhnen. Vielleicht ändern sich Abläufe durch Behandlungen oder du musst Medikamente einnehmen, die Nebenwirkungen haben. Wichtig ist es jetzt, die eigene Erwartungshaltung und die der anderen zu überprüfen.

Erwartungshaltungen

Nutze hier wieder deine Schutzfaktoren und akzeptiere, was aktuell möglich ist, und was nicht. Betrachte realistisch, was du kannst und was dir schwerer fällt, wo du möglicherweise Hilfe brauchst. Es ist nicht immer leicht, um Hilfe zu bitten, aber es ist enorm wichtig und Bestandteil deiner Resilienz, dass du lernst, dich nicht zu überfordern.

Raus aus der Opferrolle

Wichtig ist es auch, aus der Opferrolle hinauszukommen, falls du in diese gerutscht sein solltest. Das kann manchmal ganz unbewusst passieren, weil es angenehm ist, dass endlich etwas Verantwortung von einem abfällt. Es kann aber auch daher rühren, dass man sich kleiner machen möchte als man ist, aus falscher Rücksichtnahme oder Loyalität, nur weil andere Betroffene damit Schwierigkeiten haben. Du bist nicht deine Krankheit und du kannst sicher noch andere Dinge tun, außer krank zu sein. Stecke deine Energie da hinein. Es ist sicherlich zu viel verlangt, jeder Erkrankung etwas Positives zuzuschreiben oder eine spirituelle Erfahrung daraus zu machen. Chronische Krankheiten sind anstrengend, mitunter schmerzhaft, isolierend und unangenehm. Für Betroffene kann es sehr schlimm sein, wenn von ihnen erwartet wird, darin doch etwas Gutes zu sehen. Was du aber tun kannst, ist dich auf den nächsten Punkt zu konzentrieren.

Krise als Herausforderung

Statt als vernichtendes Urteil, kannst du versuchen, die Krise für dich als Chance zu sehen. Ja, es ist eine Herausforderung, und ja, es wird vieles ändern, aber es ist nicht dein Ende. Jon Kabat-Zinn pflegt während seiner Achtsamkeitsschulungen zu sagen, wenn Menschen mit schweren Beeinträchtigungen zu ihm kommen – ganz gleich, ob mental oder körperlich: „Noch atmest du und damit ist mehr richtig als falsch!" Indem du diesen Blickwinkel einnimmst, nimmst du dem Ganzen zwar nicht den Stachel, aber du kommst etwas aus deiner Hilflosigkeit heraus. Deine Einstellung und deinen Zugang kannst du ändern. Das ist in dem Bereich des Möglichen. Ebenso wie es in dem Bereich des Möglichen ist, etwas zu finden, was du jetzt unmittelbar tun kannst, damit es dir besser geht. Das kann ganz simpel sein, wie etwa der Impuls, etwas zu trinken. Nimm am besten jetzt direkt einen Schluck. Es kann aber auch etwas komplexer sein, wie der nächste Punkt.

Zukunftsgestaltung neu überdenken

Du weißt, dass es ein wichtiger Schutzfaktor ist, sich Ziele zu setzen und zu erreichen. Schaue, welche Ziele dir möglich sind. Du kannst dein Studium an einer Präsenz-Universität nicht fortführen? Wie sieht es mit Fern-Universitäten oder Lehrgängen aus?

Neue soziale Kontakte aufbauen

Versuche auch, neue Kontakte zu knüpfen, etwa zu anderen Betroffenen. Mit diesen kannst du dich ganz anders austauschen und vielleicht nützliche Hinweise bekommen. Achte aber darauf, dass du dich mit Menschen umgibst, die dir gut tun und die nicht einfach jemanden suchen, mit dem sie sich zusammen bedauern können. Die Opferrolle hast du ja bereits erfolgreich hinter dir gelassen.

Leben mit der Krankheit

Das Leben mit der Krankheit wird für eine gewisse Routine und Gewöhnung sorgen, aber es wird auch immer wieder Momente geben, in denen es schwer ist, sich und die Situation anzunehmen. Hilfreich ist es dann, für das, was geht, dankbar zu sein und darauf den Fokus zu lenken.

Sich selbst annehmen

Sich mit all seinen Schwächen und Stärken selbst anzunehmen erfordert ein gewisses Maß an Anstrengung und Disziplin; schließlich ist es ja so viel einfacher, nur frustriert zu motzen. Dazu hast du auch jedes Recht, denn ein Leben mit einer chronischen Krankheit ist anstrengend und ja – sagen wir es, wie es ist: Es ist manchmal einfach nur zum Verzweifeln! Dass die Selbstliebe dir da nicht aus jeder Pore strömt, ist verständlich! Aber dein Körper oder deine Seele ist nicht dein Feind! Beide verdienen und brauchen deine Liebe, um mit dir so gut wie möglich durch die Stürme des Lebens zu manövrieren.

Behandlungen positiv gestalten

Dafür ist es wichtig, dass du die nötigen Behandlungen so gut wie möglich durchläufst. Informiere dich, wie du mit Nebenwirkungen umgehen kannst, und falls es möglich ist, stimme deinen Kalender auf bestimmte Dinge ab. Gönne dir für den Nachmittag eine Kinderbetreuung, wenn du einen harten Therapietag hinter dir hast, oder lege das herausfordernde Meeting nicht direkt auf den Tag nach der Medikamenteneinnahme, wenn du dich dann wie vom Lastwagen überfahren fühlst. Praktiziere Selbstfürsorge, wann immer es dir möglich ist.

Kommunikationskompetenzen ausbauen

Achte in Gesprächen gut auf dich, lerne dich mitzuteilen und entwickle ein Gespür dafür, wer und was dir in Unterhaltungen gut tut und was nicht. Nicht jeder muss dich auf deinem Weg unterstützen oder ist verpflichtet, Rücksicht auf dich zu nehmen, das ist klar. Aber überlege dir auch, wen du an deiner Reise teilhaben lässt, und achte darauf, wie die Personen mit dir umgehen. Mitunter kann es für Personen, die nicht betroffen sind, schwer sein, sich vorzustellen, dass der Schmerz, die Angst immer da ist. Entwickele Kommunikationskompetenzen, um anderen dein Erleben mitzuteilen, denn nur dann können sie darauf reagieren. Dazu gehört auch, überzogenen Anforderungen an dich, Vorwürfen oder versteckten Zweifeln, dass das alles doch gar nicht so schlimm wäre oder du dich nur wichtigmachen wolltest, ganz klar die kalte Schulter zu zeigen und diese Dinge nicht an dich heranzulassen. Sie haben nichts mit deiner Realität zu tun und können bei dem bleiben, der sie ausgesprochen hat.

Selbstvorwürfen mit Akzeptanz begegnen

Noch schwerer kann es sein, mit den eigenen Vorwürfen umzugehen. Schuld und Scham können auch bei einer langjährigen Erkrankung immer wieder auftauchen: „Wer will schon mit einer wie mir zusammen sein? Vielleicht wäre es für meine Kinder besser gewesen, wenn sie eine andere Mutter bekommen hätten? Jetzt bin ich schon wieder die Freundin, die nicht mitfeiern kann." Solche Gedanken werden auftauchen. Auch hier hilft es nicht, sie zu negieren oder sie zu überspielen. Du kannst aber deine Schutzfaktoren aktivieren und sie damit angehen: Was ist wahr daran? Was kannst du aktiv und in deiner Position gerade tun? Welche Möglichkeiten hast du? Wie kannst du einen positiven Blickwinkel einnehmen? Profitieren deine Kinder vielleicht auch davon, dass du weniger arbeiten kannst, weil sie dich so mehr in deiner Nähe haben?

Kannst du zwar nicht mit auf jede Party gehen, aber kannst du tolle tiefe Gespräche mit deinen Freundinnen führen? Fokussiere dich auf das Gute, so konzentriert, wie dir nur möglich, und gehe in deinem Rahmen von dem Besten aus!

Du hast all die nötigen Dinge in dir, um dein Leben bestmöglich zu leben, und du darfst es leben – in vollen Zügen, voller Zuversicht und voller Freude an dem, was gut ist.

Abschluss und Ausblick

Du bist nun am Ende dieses Buches angelangt, aber erst am Beginn deiner aufregenden Reise in Richtung eines Lebens mit mehr Resilienz. Du hast gelernt, was Resilienz ist, wie sie sich bei Kindern entwickelt, wie sie trainiert werden kann und inwiefern deine eigene Vergangenheit förderlich oder hinderlich für das Ausbauen einer starken Resilienz war.

Du hast gelernt, dass es nicht das eine Resilienz-Konzept oder Resilienz-Training gibt, und es daher eine höchst individuelle Sache ist, wie du dein Resilienz-Training gestaltest. Du hast dafür diverse Anregungen bekommen, wie du die Schutzfaktoren, die sieben Säulen der Resilienz und auch die drei Eckpfeiler des Wiener Resilienz-Modells ausbauen und stärken kannst. Zudem hast du Ideen für das Aufbauen von Routinen sammeln können und ein paar Tipps für einen kleinen Resilienz-Schub zwischendurch bekommen.

Die Möglichkeiten, die sich durch das Ausbauen dieser Schutzfaktoren und Eckpfeiler ergeben, sind so vielfältig wie das Resilienz-Training selbst: Sowohl im Beruflichen als auch im Privaten kannst du mit mehr Harmonie, Selbstwirksamkeit und Zufriedenheit rechnen.

Die neuen Denkansätze werden dir hoffentlich den nötigen Anreiz geben, dich aus der Opferrolle hinaus- und ins aktive Handeln hineinzubewegen sowie dich dazu zu entscheiden, deine psychische Widerstandsfähigkeit und damit deinen gesamten Zustand zu verbessern. Die eigenständige Gestaltung deines Lebens wird dir wunderbare Erlebnisse und Chancen bescheren, die du nur noch ergreifen musst.

Wagst du einen realistischen Ausblick auf die möglichen Veränderungen durch diese neue Selbstwirksamkeit, wirst du sehen, dass ganz neue Energien in dir frei werden und dein Dasein von mehr Erfüllung, einem tieferen Sinn geprägt ist.

Natürlich wird auch ein Projekt wie das Stärken der eigenen Resilienz nicht immer ohne Hindernisse vonstattengehen. Es wird Tage geben, an denen du das Gefühl hast, dass sich alles gegen dich verschworen hat und du dich noch nie mit irgendwelchen Schutzfaktoren auseinandergesetzt hast. Es wird Leute geben, denen es nicht gefallen wird, dass du innerlich stärker und widerstandsfähiger geworden bist, weil sie dich dann nicht mehr so leicht für ihre Zwecke einspannen oder dir ein schlechtes Gewissen machen können. Es wird Reibereien geben und an manchen Tagen wirst du auch schlichtweg zu müde oder genervt sein, um an deinen Einstellungen und Haltungen zu arbeiten. Vielleicht wirst du hier und da in alte Verhaltensmuster zurückfallen. Vielleicht wirst du auch mal alles hinschmeißen wollen, weil es ja irgendwie sowieso alles keinen Sinn macht.

Aber das werden Momente sein. Kurze Momente, denen immer längere Abschnitte gegenüber stehen, in denen du dich stärker, gelassener, ruhiger und freier fühlst. In denen du eine Souveränität an den Tag legst, von der du früher nur hättest träumen können. Momente, in denen du diejenige bist, die die Nerven behält und ihre Position klar vertreten kann. Momente, in denen du für dich und das, was dir wichtig ist, eintreten kannst. Momente, in denen du dich und deine Bedürfnisse ernst nimmst und in denen du gut für dich sorgst.

Du kannst einen Unterschied in deinem Leben machen und das Beste ist: Du hast bereits alles, was du dafür brauchst in dir! Die nötige Stärke, den nötigen Willen und die nötige Energie! Du musst dich nur noch trauen, alles ans Tageslicht treten und in voller Kraft erstrahlen zu lassen. Traue dich! Bring dein eigenes Strahlen hervor und stürze dich in das aufregende Abenteuer Resilienz! Du bist großartig und du wirst es schaffen!

Viel Spaß dabei!

Quellen

Gatt, Meerwald. (2018). *Flexibel und belastbar.* Https://Www.Wko.At/. https://www.wko.at/site/ImpulsPro/WRM-Heft-2018.pdf

LIR Mainz - Leibniz-Institut für Resilienzforschung. (2020). Https://Lir-Mainz.De/. https://lir-mainz.de/

Stangl, W. (2020). *Resilienz.* Https://Lexikon.Stangl.Eu/593/Resilienz/. https://lexikon.stangl.eu/593/resilienz/

The Road to Resilience. (2020). Https://Uncw.Edu/. https://uncw.edu/studentaffairs/committees/pdc/documents/the%20road%20to%20resilience.pdf

Was ist Resilienz? Definition Resilienz auf resilienz.at. (2018, January 29). Resilienz .At. https://resilienz.at/definition-resilienz/

GmbH, D. R. Ä. D. Ä. (2018, November 10). *Resilienz: Ein Konzept im Wandel.* Deutsches Ärzteblatt. https://www.aerzteblatt.de/archiv/202470/Resilienz-Ein-Konzept-im-Wandel

GmbH, D. R. Ä. D. Ä. (2018a, September 21). *Zusammenhang von Resilienz und psychischer Gesundheit bei körperlichen Erkrankungen.* Deutsches Ärzteblatt. https://www.aerzteblatt.

de/archiv/200707/Zusammenhang-von-Resilienz-und-psychischer-Gesundheit-bei-koerperlichen-Erkrankungen

Croos-Müller, C. (2015). *Kraft: Der neue Weg zu innerer Stärke. Ein Resilienztraining.* Kösel-Verlag.

Berckhan, B. (2015). *Wahre Stärke muss nicht kämpfen: Überraschend einfache Wege für mehr Kraft und Souveränität.* Graefe und Unzer Verlag.

Schäfer, B. (2017). *Resilienz. 100 Seiten.* Reclam Philipp Jun.

Reinicke, C. A. (2017). *Resilienz bei schwerer Krankheit: Psychische Ressourcen mit einfachen Methoden stärken.* Herder Verlag GmbH.

Geschenk #1 - Zitatesammlung

Vielen Dank noch einmal für den Erwerb dieses Buches. Als zusätzliches Dankeschön erhältst du von mir **zwei E-Books**, als Bonus, und völlig gratis.

Das erste Bonusheft beinhaltet eine Sammlung an schönen, motivierenden und Mut machenden kleinen Geschichten und Zitaten, die dich auf deinem täglichen Weg zu einem erfüllten Leben begleiten können. Finde darin deine Lieblingszitate, die du dir immer wieder als kleine Erinnerungen, Richtungsweiser und Mutmacher zur Hand nehmen kannst.

Du kannst das Bonusheft folgendermaßen erhalten:

Öffne ein Browserfenster auf deinem Computer oder Smartphone und gib Folgendes ein:

stefanielorenz.com/bonus1

Du wirst dann automatisch auf die Download-Seite weitergeleitet.

Bitte beachte, dass dieses Bonusheft nur für eine begrenzte Zeit zum Download zur Verfügung steht.

Alternativ kannst du auch diesen QR-Code einscannen:

Geschenk #2 - Entspannung im Alltag

In diesem zweiten Bonusheft findest du verschiedene Entspannungsmethoden, Meditationsideen und Affirmationen, die dich darin unterstützen können, wieder zu dir selbst zu finden. Mit diesen Methoden kannst du neue Kraft tanken, dich auf deine eigenen Stärken besinnen und aus dem Hamsterrad deiner Gedanken und den Anforderungen von außen aussteigen.

Öffne ein Browserfenster auf deinem Computer oder Smartphone und gib Folgendes ein:

stefanielorenz.com/bonus2

Du wirst dann automatisch auf die Download-Seite weitergeleitet.

Bitte beachte, dass dieses Bonusheft nur für eine begrenzte Zeit zum Download zur Verfügung steht.

Alternativ kannst du auch diesen QR-Code einscannen:

www.ingramcontent.com/pod-product-compliance
Lightning Source LLC
Chambersburg PA
CBHW071353080526
44587CB00017B/3082